Alexander Rudolf Hohlfeld

Die altenglischen Kollektiv-Mysterien

Alexander Rudolf Hohlfeld

Die altenglischen Kollektiv-Mysterien

ISBN/EAN: 9783743488182

Hergestellt in Europa, USA, Kanada, Australien, Japan

Cover: Foto ©Thomas Meinert / pixelio.de

Manufactured and distributed by brebook publishing software (www.brebook.com)

Alexander Rudolf Hohlfeld

Die altenglischen Kollektiv-Mysterien

DIE ALTENGLISCHEN KOLLEKTIV-MISTERIEN.

INAUGURAL-DISSERTATION

BEHUFS ERLANGUNG DER DOCTORWÜRDE

EINGEREICHT

BEI DER PHILOSOPHISCHEN FACULTÄT

DER

UNIVERSITÄT LEIPZIG

VON

ALEXANDER HOHLFELD

AUS DRESDEN.

HALLE a. S.
DRUCK VON EHRHARDT KARRAS.
1888.

Die nachfolgende abhandlung bildet nur einen teil der vom verfasser im manuskript bei der philosophischen fakultät zu Leipzig eingereichten dissertation. Vollständig ist dieselbe abgedruckt im XI. Bd. der „Anglia" (hersg. von Richard Paul Wülker), pp. 219 ff. unter dem titel: „Die altenglischen kollektivmisterien unter besonderer berücksichtigung des verhältnisses der York- und Towneley-spiele."

Die uns erhaltenen altenglischen misteriendichtungen zerfallen in zwei grosse gruppen: in **kollektivmisterien**, die in einer zusammenhängenden folge von einzelnen spielen einige scenen aus dem alten und den hauptinhalt des neuen testaments darstellen, und in **einzelmisterien**, welche teils selbständig entstandene einzelspiele, teils reste sonst verloren gegangener kollektivmisterien sind.[1]

Durch die dankenswerte veröffentlichung der York Mystery Plays von fräulein Toulmin Smith aus dem jahre 1885 sind uns sämmtliche vier altenglischen kollektivmisterien, von denen wir bestimmte nachrichten besitzen, zugänglich gemacht worden. Dass sich trotzdem noch manche sammlung in unbekannter verborgenheit erhalten habe, die später an das licht gezogen werden mag, ist allerdings durchaus nicht unwahrscheinlich, da wir über das frühere bestehen mancher misteriencyklen sichere kunde haben, von deren handschriftlicher oder anderweitiger überlieferung jedoch nichts bekannt ist. Da jedoch die möglichkeit einer späteren erweiterung des bis jetzt bekannten für jedes gebiet historischer forschung stets besteht, so sind wir nach dem gegenwärtigen stande unserer kenntnisse berechtigt, die veröffentlichung altenglischer kollektivmisterien als vorläufig abgeschlossen und mithin den zeitpunkt für gekommen zu betrachten, wo wir diese wichtige entwickelungsstufe altenglischer misteriendichtung als ein ganzes charakterisieren, in ihren verschiedenen phasen beurteilen und die einzelnen erzeugnisse derselben in bezug auf ihre gegenseitige beziehung und stellung untersuchen können.

Die meisten literarhistoriker, die eine vergleichende charakteristik der altenglischen kollektivmisterien versuchten, haben dieselbe — den weitergehenden zwecken ihrer werke entsprechend — nur sehr kurz behandelt, gemäss der beachtung, welche diese niedrigen anfänge dramatischer kunst allerdings da verdienen, wo es sich um darstellung der entfaltung derselben in ihren hervorragendsten erscheinungen handelt. Und

---

[1] Vgl. anm. 3 auf s. 5.

doch erscheint eine eingehendere darstellung nicht nur berechtigt, sondern sogar geboten, wenn wir bedenken, dass diese rohen und ungefügen dramatischen erstlinge jahrhundertelang in blüte und ansehen gestanden haben, und dass dies — und durchaus nicht in ausnahmefällen — noch bis weit in dasjenige jahrhundert hinein der fall war, in welchem Englands grösster dramatiker nicht nur das licht der welt erblickte, sondern dieselbe bereits durch unsterbliche werke in staunen versetzte. Dass dies trotzdem bis jetzt noch so wenig getan ist, mag einerseits seinen grund in dem wenig anziehenden charakter dieser dichtungsart, andererseits in den nicht unerheblichen schwierigkeiten haben, die sich einem exakten studium von deren erzeugnissen entgegenstellen, da diese uns zum grossen teil nur in korrumpierter gestalt erhalten und, wie sich im folgenden zeigen wird, durch zahlreiche spätere änderungen jeder art in ihrem wahren charakter beeinträchtigt worden sind.

Diese letzteren momente möge man, da sich der verf. der schwierigkeiten seines unternehmens voll bewusst ist, als milderungsgrund für wahrscheinliche unzulänglichkeiten auch bei der vorliegenden abhandlung gelten lassen. Dieselbe kann und soll das in ihr zur darstellung kommende gebiet nicht in erschöpfender weise behandeln; dafür ist dasselbe zu umfangreich und vielseitig und der mangel an einschlagenden spezialuntersuchungen über sprache, metrik, quellen, charakter u. s. f. der einzelnen sammlungen noch zu fühlbar. Der verf. beabsichtigt vielmehr, die geschichte der entstehung und entwickelung des geistlichen dramas in England späterhin zum gegenstand einer eingehenden darstellung zu machen, für welche das folgende nur einige grundlegenden studien und beiträge bieten soll.

Dieselben sollen in der hauptsache das gegenseitige verhältniss sämmtlicher vier altenglischen kollektivmisterien bestimmen und dadurch feststellen: den direkten zwischen ihnen bestehenden zusammenhang; die in ihrer ganzen komposition sich zeigenden allgemeineren übereinstimmungen und auffälligen abweichungen; die stellung, welche sie im entwickelungsgange des religiösen dramas Englands einnehmen, und endlich art und umfang der in ihnen vorhandenen elemente, durch welche die weiterentwickelung des englischen dramas im 16. jahrhundert mit ihnen verknüpft ist.

In einem zweiten teile sollen dann die York- und Towneleysammlung, welche in einigen spielen, wie bereits bekannt, in einem sehr engen abhängigkeitsverhältniss zu einander stehen, auch auf eventuelle gegenseitige beeinflussung in ihren übrigen teilen untersucht, und so ihr gegenseitiges entstehungs- und entwickelungsverhältniss im allgemeinen bestimmt werden.

Im verlaufe der altenglischen literaturperiode (1250—1500) entstanden in England in national-eigenartiger weise grosse sammelmisterien[1], welche in einer grösseren oder geringeren

---

[1] Unter 'misterien' sollen im folgenden nach der in Deutschland üblichen ausdrucksweise, in möglichster trennung von den mirakelspielen,

anzahl von einzelnen spielen eine auswahl aus den erzählungen des alten und neuen testamentes zur darstellung brachten. Obgleich uns von derartigen sammlungen nur vier erhalten sind — die York- (Y), Towneley- (T), Coventry- (Co) und Chesterspiele (Ch) —, so beweisen doch zahlreiche nachrichten, dass ausserdem noch in verschiedenen anderen orten Englands derartige sammelmisterien bestanden haben und aufgeführt worden sind. Von einigen derselben besitzen wir nur ganz allgemeine angaben über zeit und inhalt der aufführungen (so z. b. für London aus dem jahre 1409[1]); von anderen sind uns wenigstens die titel der die sammlung bildenden einzelspiele bekannt (so aus Beverley in den jahren 1407—1604[2]); von noch anderen endlich ist sogar das eine oder andere der einzelnen spiele auf uns gekommen, während die übrigen verloren gingen (z. b. Noah's Ark aus dem zu Newcastle-on-Tyne in den jahren 1426—1589 aufgeführten cyklus).[3]

Diese letzteren spiele, die uns zwar als reste früherer kollektivmisterien bekannt sind, sollen im folgenden doch nicht speziell in den kreis unserer untersuchung gezogen werden, da sie von uns, die wir ihr verhältniss zu den übrigen teilen der betreffenden sammlung nicht kennen, nur als einzelmisterien beurteilt werden dürfen.

Es können also in vorliegender abhandlung nur die schon oben genannten vier kollektivmisterien speziell berücksichtigt werden:
1. The York Mystery Plays, ed. by Lucy Toulmin Smith, Oxford 1885.
2. The Towneley Mysteries, ed. for the Surtees Society, London 1836.
3. Ludus Coventriae, ed. for the Shakespeare Society by J. O. Halliwell, London 1841.
4. The Chester Plays, ed. for the Shakespeare Society by Thomas Wright, London 1843.

Von spezialuntersuchungen über diese vier umfangreichen sammlungen ist — wie schon in der einleitung hervorgehoben wurde — im ganzen nur sehr wenig veröffentlicht worden, obwol neuerdings seit dem erscheinen der von Furnivall 1882 edierten Digby Mysteries und der York Plays ein

---
nur diejenigen geistlichen dramen verstanden werden, welche — ursprünglich aus dem officium der römischen kirche hervorgegangen — als hauptsächliche quelle ihrer darstellung die bibel oder die apokryphen benutzten.
[1] Vgl. ausg. der York Plays s. LXIV.
[2] Vgl. ebd. s. LXVI.
[3] Vgl. ebd. s. LXVII.

lebhafteres interesse für das studium dieses gebietes erwacht zu sein
scheint. Abgesehen von den einleitungen, noten und glossarien, welche
die herausgeber den einzelnen sammlungen hinzugefügt haben, sind hauptsächlich noch folgende untersuchungen zu nennen:
- für Y: Oswald Herttrich, Studien zu den York Plays, Breslauer dissertation, 1886.
  - Paul Kamann, Die Quellen der York Plays, Anglia X und
    Leipziger dissertation 1887.
- für T: speziell der später citierte aufsatz Ebert's im 1. bande seines
  jahrbuchs;
- für Co[1], jedoch durchaus nicht in dem maasse, als es dem titel nach
  scheinen möchte:
  - Thomas Sharp, A Dissertation on the Pageants or Dramatic
    Mysteries anciently performed at Coventry by the Trading
    Companies of that City, Coventry 1825;
- für Ch die auf die aufführungen in Chester bezüglichen abdrücke aus
  verschiedenen manuskripten der Harleiana, welche Furnivall
  in seiner ausgabe der Digby Mysteries s. XVIII ff. mitteilt.

Folgende werke endlich (abgesehen von den darstellungen in allge-
meineren literaturgeschichten Englands) kommen für sämmtliche drei, zu
ihrer zeit bekannten sammlungen in betracht:
- William Hone, Ancient Mysteries described, London 1823.
- J. Payne Collier, The History of English Dramatic Poetry, Lon-
  don 1831, II, s. 123 ff.[2]
- Hermann Ulrici, Shakspeare's dramatische Kunst, Leipzig 1838.
  (Spätere auflagen ändern an diesem teile nichts.)
- William Marriott, A Collection of English Miracle Plays, Basel
  1838, worin ss. VII—LXIII 'an historical view of English
  Miracle Plays'.
- Adolf Ebert, Die englischen Mysterien, mit besonderer Berück-
  sichtigung der Towneley-Sammlung, im 1. bande des Jahr-
  buchs für rom. u. engl. Litteratur, s. 44—82 und 131—170.
- J. L. Klein, Geschichte des Dramas, Lpzg. 1876. XII. bd.: Gesch.
  des engl. Dramas, s. 711 ff.
- A. Will. Ward, A History of English Dramatic Literature, London
  1875, vol. 1, chapter I.

Der aufsatz 'The Early English Drama' am ende des dritten bandes
von Warton's History of English Poetry (in der ausgabe von 1871,
s. 292—323) berücksichtigt die altenglische misteriendichtung so gut wie
gar nicht.[3]

---

[1] Gar nicht den Ludus Coventriae betrifft das kapitel 'The Coventry
Mysteries', welches Halliwell-Phillipps seinen 'Outlines of the Life of Shakespeare' (4. ausg. 1884, s. 384—391) beigibt.

[2] Die neue, in London in den siebziger jahren erschienene auflage
dieses werkes ist mir nicht zugänglich gewesen.

[3] Weitere bibliographische angaben (wenn auch im einzelnen recht
ungenau) gibt Max Koch, Shakespeare, Supplement zu den Werken des
Dichters, anhang s. 324 ff.

Edm. Malone, Historical Account of the Rise and Progress of the
English Stage, Basel 1800, kommt für die kollektivmisterien ebenfalls nur
in ganz geringem maasse in betracht.
Th. Hawkins, The Origin of the English Drama, 3 vols., Oxford
1713, welches werk seinem titel nach hierher zu gehören scheint, ist nur
eine sammlung von vierzehn alten englischen dramen, von denen dabei
nur das erste ein misterienspiel ist (= no. 1 der Digby Mysteries).

Ehe ich zu meiner eigentlichen aufgabe übergehe, das
verhältniss der vier sammlungen zu untersuchen, seien zwei
beobachtungen anderer art mitgeteilt, welche sich mir bei eingehendem studium derselben aufdrängten und, wie die folge
zeigen wird, auch für den eigentlichen zweck dieser untersuchung nicht ohne bedeutung sind. Dieselben betreffen das
verhältniss von Ch zu eventuellen französischen vorlagen und
die art der aufführungen von Co. Wenn auch beide fragen,
besonders aber die erstere derselben, hier keine endgiltige
lösung erfahren können, so sollen sie doch, was mir sehr notwendig erscheint, möglichst scharf präzisiert und die für ihre
beantwortung wichtigen momente genau angeführt werden, die
sich in den sammlungen selbst finden.

Es ist klar — und wird durch die veröffentlichung von Y
in keiner weise beeinträchtigt —, dass von allen uns erhaltenen altenglischen kollektivmisterien ganz besonders Ch, aber
auch dieses allein, auffällige spuren eines zusammenhanges mit
französischen misterien aufzuweisen hat. Den ausführungen
Ebert's in seinem oben erwähntem aufsatze (s. 158 ff.), in denen
er sich entschieden gegen die möglichkeit erklärt, dass die uns
erhaltene fassung der sammlung Ch eine französische sammlung als quelle gehabt habe, stimme ich völlig zu, schon allein
aus rücksicht auf das zeitliche verhältniss in der entwickelung
der englischen und französischen kollektivmisterien. Doch
büssen dadurch die in Ch unleugbar vorhandenen beziehungen
zu französischen misterien an ihrer beweiskraft nichts ein und
brauchen durchaus nicht, um obige unzweifelhaft richtige behauptung aufrecht zu erhalten, in ihrer bedeutung herabgemindert zu werden.

Die fünf erhaltenen hss. von Ch sind sämmtlich sehr jungen
datums; denn sie stammen erst aus den jahren 1591—1607.
Das original setzt der herausgeber Wright in den anfang des
15., höchstens das ende des 14. jahrhunderts. Trotzdem finden

sich in zwei verschiedenen mss. der Harleiana[1] (1944 und 2124, von denen letzteres eine hs. von Ch ist) angaben, welche die erste aufführung von Ch in das jahr 1329 setzen und die abfassung einem mönch Rondoll bezw. Randle Higgenet zuweisen, der (nach ms. 2124) dreimal in Rom gewesen sein soll, 'before he could obtaine leaue of the Pope to haue them in the English tongue'. Diese notizen stammen zwar erst aus dem anfange des 17. jahrhunderts und können sich sicher nicht auf die uns erhaltene fassung von Ch beziehen. Trotzdem sollten sie nicht für einfach undiskutierbar gehalten werden, da sie weit wirksamer durch verschiedene innere wahrscheinlichkeiten gestützt werden, welche einzelne teile der sammlung selbst, trotzdem sie uns nur in so späten hss. erhalten ist, für ein weit höheres alter, sowie französische beeinflussung einzelner partieen enthalten.

In den noten, welche Wright seiner ausgabe von Ch beigegeben hat, führt er nicht weniger als elf fälle an, in denen Ch in einzelnen zügen oder im inhalt ganzer spiele auffallende ähnlichkeiten mit verschiedenen französischen misterien zeigt; während sich die übrigen sammlungen — und so auch Y, welches Wright natürlich noch nicht berücksichtigen konnte — gänzlich abweichend verhalten (vol. I, s. 238, 242, 245, 246, 247, 248, 251, 255, 260; vol. II, s. 201, 202). Da Wright diese fälle nur unter berücksichtigung von 'some of the printed French Mysteries of the earlier half of the 16th century'[2] aufzählt und unsere kenntniss altfranzösischer misterien seit jener zeit sich sehr erweitert hat, so würde eine genaue und systematische vergleichung von Ch mit den französischen geistlichen dramen wahrscheinlich noch weitere wichtige resultate ergeben.

Einige fälle ziemlich vager übereinstimmungen im wörtlichen ausdruck zwischen Ch und dem französischen Mystère du Viel Testament, welche Collier (II, 132 ff.) mitteilt und Wright (s. XIV und XV) widergibt, halte auch ich mit Ebert (s. 159) für völlig nichtssagend.

Sehr bedeutsam dagegen erscheinen mir die in Ch sich vorfindenden bruchstücke in französischer sprache, betreffs derer Wright s. XV sagt:

---

[1] Vgl. Digby Mysteries s. VIII ff.
[2] Dass gerade diese späten fassungen französischer misterien nicht die wirkliche quelle für Ch gewesen sein können, bedarf keiner ausführung.

'The Argument deduced from the circumstance of Octavian and the three kings being introduced speaking French I think still less force: it is only a picture of the age, when French was the language of courtiers in the Englich court'.

Dem ist jedoch entgegenzuhalten, dass dann, wie Ward s. 45 anführt, die entstehung von Ch spätestens unter Eduard III. (1327—1377), mithin noch vor die zeit zu setzen sei, welche Wright selbst als äusserst zulässigen entstehungstermin bezeichnet. Ausserdem sind es weder zwei stellen, wie nach Wright, noch auch drei, wie nach Ward scheint, sondern die folgenden fünf:

im 6. spiel, rede des Oktavian, 16 zeilen, I, 101;
„ 8. „ gespräch der drei könige, 8 zeilen, I, 148;
„ 8. „ gespräch der könige mit Herodes, 8 zeilen, I, 152;
„ 16. „ rede des Pilatus, 4 zeilen, II, 39;
„ 19. „ rede des Pilatus, 8 zeilen, II, 84.

Diese stellen sind allerdings durch späteres unvernünftiges kopieren zum teil bis zur unverständlichkeit korrumpiert. Trotzdem lässt sich so viel erkennen, dass sie mit ausnahme des zweiten falles (aaaabbbb) ursprünglich in derselben abart der schweifreimstrophe geschrieben sind, in der Ch überhaupt abgefasst ist (aaabaaab).[1]

Endlich werden diese französischen worte von den betreffenden personen nicht immer zu anfang ihrer reden gesprochen, was doch sicher geschehen wäre, wenn der englische verfasser beabsichtigt hätte, durch die französischen stellen einen besonders grossartigen eindruck hervorzubringen. Dies ist vielmehr nur an den letzten drei stellen der fall, während die ersten beiden mitten in den betreffenden englischen reden erscheinen.

Ich glaube nach alledem, jene fünf stellen entschieden für die absichtlichen oder zufälligen überreste einer französischen vorlage halten zu müssen. Obgleich dieselben in sehr verschiedenen teilen von Ch auftreten, so wird durch sie doch keineswegs die unmögliche annahme eines französischen kollektivums, sondern nur eines misteriums von der geburt und passion Christi als von Ch benutzte vorlage nötig gemacht. Die übrigen allgemeineren übereinstimmungen, welche Ch mit französischen misterien gemein hat, brauchen selbstverständ-

---

[1] Vgl. weiter unten darüber.

lieh sich nicht auf die gleiche vorlage zu gründen, sondern
würden sich bereits hinreichend aus einer genaueren bekanntschaft des englischen verfassers von Ch mit der misteriendichtung Frankreichs erklären.

Zwei stellen anderer art finden sich ausserdem noch in Ch,
welche ich mir ohne zwang nicht gut anderswo als auf französischem boden entstanden denken kann. Die erstere derselben,
die auch sonst schon erwähnung gefunden hat, steht im vierzehnten spiel (II, 17), wo Judas nach abschluss des handels mit
den pharisäern, um diesen seine treue zu bekräftigen, ausruft:

    And would God almighty,
    The kinge of Fraunce may so affye,
    In his realme or bareny,
    That they were all so trewe!

Eine zweite, dieser ähnliche stelle fand ich im elften spiel
(I, 209), wo Secundus Pharisaeus, als er sich in folge dessen,
was Christus mit dem finger in den sand geschrieben, durchschaut sieht, in den ausruf ausbricht:

    Alas! that I were awaie
    Ferre behynde France!

Ausserdem finden sich in Ch noch zahlreiche französische
wendungen und ausdrücke (so z. b. I, 55 *rouge dead carrine*
oder I, 175 und II, 106 *Grante mercye = grande merci!*); doch
sollen diese allerdings nicht als beweisgründe für französischen einfluss ausgegeben werden: um so weniger, da gewisse französische ausdrücke der anrede, bekräftigung und beteuerung[1] auch in den übrigen sammlungen häufig erscheinen,
wie z. b. *paramoure, per ma fay, pardye, belamy, bawshere* u.
a. m. Auch ein paar sonstige wenig umfangreiche stellen in
französischer sprache finden sich in diesen (T 144; Y 285,
297, 300); doch erscheinen sie den stellen in Ch gegenüber als
ganz unbedeutend. Sonstige momente aber, die auf eine engere
anlehnung an französischen quellen mit sicherheit schliessen
liessen, finden sich in Y, T und Co gar nicht.

Es ist also unzweifelhaft richtig, dass für Ch von allen
altenglischen kollektivmisterien die relativ grösste wahrscheinlichkeit besteht, französischen mustern nachgebildet zu sein,
wie Wright Ch. s. XIV sagt. Nur ist das noch nicht genug,

---

[1] In solchen fällen finden sich ja z. b. auch in unserem modernen
Deutsch noch manche französische ausdrücke gern verwant.

denn eine gewisse französische beeinflussung ist nach all den mitgeteilten momenten durchaus sicher. Charakter und umfang derselben möglichst scharf zu bestimmen, muss einer eingehenden untersuchung überlassen bleiben. Andererseits ist zweifellos, dass das englische kollektivum nicht einem französischen kollektivum direkt nachgebildet sein kann. Es scheint aber, dass der autor von Ch ein französisches misterium von der geburt und passion Christi, aus dem die französischen stellen in Ch stammen würden, als spezielle vorlage benutzte, dessen strophenform er auch in seinem werke anzuwenden sich entschloss, während er sich im übrigen an eventuelle anderweitige vorlagen weniger eng anschloss, bezw. wo ihm solche fehlten, ganz selbständig verfuhr. Nun aber sind gerade die Chesterspiele in der uns erhaltenen fassung die jüngsten von allen vier sammlungen; die nachahmung französischer vorbilder müsste darnach, wie es scheint, zu einer zeit stattgefunden haben, wo verschiedene andere altenglische kollektivmisterien bereits selbständig sich entwickelt und die französischen erzeugnisse dieser art schon weit überflügelt hatten. Dass eine solche annahme wenig wahrscheinlichkeit für sich hat, kann wol nicht geleugnet werden. Auch finden sich in Ch, wie es uns vorliegt, verschiedene national-englische züge und selbständige beziehungen auf die verhältnisse Englands, welche sich mit einer so gedankenlosen übersetzertätigkeit, wie die s. 10 mitgeteilten stellen (bes. I, 209 und II, 17) voraussetzen, schwer vereinigen lassen würden. So liegen die verhältnisse also ziemlich verwickelt, für und gegen, und ein ausweg aus dem labyrinth erscheint schwierig. Denselben aufzufinden kann hier nicht meine aufgabe sein; doch soll kurz die richtung angedeutet werden, in der er mir zu liegen scheint, da ich auch im verlaufe meiner untersuchung auf diesen punkt zurückkommen muss. Es wird sich nämlich zeigen, dass Ch trotz seiner späten überlieferung verschiedene elemente enthält, die auf ein höheres alter der sammlung, wenn auch in einer von der jetzigen zum teil abweichenden gestalt hindeuten.[1]

---

[1] Zwar haben auch schon frühere gelehrte Ch ein höheres alter zugeschrieben, jedoch nur im vertrauen auf die angaben der zwei mss. der Harleiana (vergl. oben s. 8). Da sich jedoch herausstellte, dass diese notizen für die uns überlieferte fassung von Ch keine geltung haben könnten, so wurden sie ebenso wie der daraus gezogene schluss von der neueren forschung für falsch erklärt oder einfach nicht beachtet.

Darnach wäre es durchaus nicht unwahrscheinlich, dass Ch in seiner ursprünglichen fassung, die sich in noch näher zu untersuchender weise an französische vorbilder angelehnt hat, bereits im anfange des 14. jahrhunderts entstanden, später aber um die wende des 14. und 15. jahrhunderts in einzelnen teilen einer umarbeitung unterzogen worden sei, durch die es in der hauptsache die uns erhaltene gestalt gewonnen habe. Auf diese weise könnten auch die mitgeteilten angaben der zwei mss. der Harleiana, die 1329 als ersten aufführungstermin angeben, zu ehren kommen.

Die zweite frage, die in diesem teile vorliegender abhandlung untersucht werden soll, betrifft, wie schon erwähnt, die aufführungen von Co, bezw. wo und durch wen dieselben stattfanden.

Für Y und Ch ist deren aufführung durch die zünfte von York und Chester in diesen beiden städten völlig verbürgt. Nicht ganz so einfach liegen die verhältnisse für T, doch lassen sich auch hier durch einzelne angaben der hs. selbst und einige andere notizen so gut wie sichere angaben gewinnen (vgl. ausg. VII—XVIII). Als ort der aufführung ergibt sich darnach Wakefield oder seine nächste umgebung (Woodkirk). Ueber die aufführenden kann im einzelnen zweifel herrschen. Die urkunden aus Wakefield und den umliegenden ortschaften enthalten nämlich keinerlei angaben über die aufführungen; wenigstens ist bis jetzt nichts derartiges veröffentlicht worden. So viel aber ist unzweifelhaft sicher, dass auch T von einzelnen innungen aufgeführt wurde[1], da das ms., wenn auch nicht bei allen spielen, so doch in vier fällen die namen der gilden erhalten hat, die die betreffenden stücke spielten:

1. spiel: Barkers   (s. 1)
2. spiel: Glover Pag... (s. 8)
8. spiel: Lytster Play   (s. 55)
27. spiel: Fysher Pageant (s. 270)

Für diese drei sammlungen sind also die für England so charakteristischen aufführungen von kollektivmisterien durch zünfte gesichert.

Anders bei Co. Zunächst ist die heimat der unter dem namen Ludus Coventriae jetzt bekannten misterien nicht durch-

---

[1] Die ansicht Ebert's (s. 73), dass sich die zünfte mehrerer gemeinden vereinigten, ist sehr wahrscheinlich.

aus gesichert. Die gründe, welche dafür sprechen, das völlig undatierte ms. nach Coventry zu setzen und welche Sharp (s. 5 ff.) und Halliwell (Co, s. VI ff.) anführen, haben wol manches für sich, ohne jedoch an sich überzeugend sein zu können. Halliwell begründet seine folgerung hauptsächlich durch die folgende notiz, welche Dr. Richard James, Sir Robert Cotton's bibliothekar, in das zur Cottoniana gehörige ms. eintrug [1]:

'Contenta Novi Testamenti scenice expressa et actitata olim per monachos sive fratres mendicantes: vulgo dicitur hic liber Ludus Coventriae, sive Ludus Corporis Christi: scribitur metris Anglicanis'.

Selbst abgesehen von dem widerspruche in den argumenten Sharp's und Halliwell's, muss man doch wol zugeben, dass diese nachricht allein nicht die richtigkeit der angabe rechtfertigt, dass in Coventry die heimat der betreffenden sammlung mit sicherheit zu suchen sei, besonders da dieselbe über 150 jahre jünger als die hs. ist, auf welche sie sich bezieht. Allerdings fehlen dieser am schlusse ein oder mehrere blätter, da das letzte spiel unvollendet ist, und es ist nach Halliwell's meinung immerhin möglich, dass dieselben zu James' zeit noch vorhanden waren und angaben enthielten, auf die dieser die obige notiz gründete. Doch scheint mir zu solcher annahme der ausdruck '*vulgo dicitur*' nicht zu passen, vielmehr darauf hinzudeuten, dass James seine angabe auf hörensagen stützte und über ihre wahrheit nicht allzu klar war, was sich in dem von Halliwell angenommenen falle doch nicht gut erklären liesse. Ausserdem trifft die bezeichnung '*Contenta Novi Testamenti*' ja auch nur sehr ungenau zu, da sich volle sieben spiele auf das alte testament gründen, während auffälligerweise alles, was wir über die gildenspiele zu Coventry wissen, tatsächlich nur auf neutestamentliche stücke schliessen lässt.

Kurz, es scheint mir diesem stand der dinge gegenüber doch geboten, darauf hinzuweisen, dass die heimat des Ludus Coventriae durchaus nicht so sicher als Coventry angenommen werden kann, als man allgemein tut, obwol sich nichts (auch

---

[1] In mir unerklärlicher abweichung sagt dagegen Sharp: 'On the first leaf is written by Dr. Smith (Sir Rob. Cotton's Librarian), "Ludus Coventriae sive ludus Corporis Xti": on the next leaf in a hand of about the time of Queen Eliz. "The plaie called Corpus Christi", and in the printed Catalogue of the Cottonian mss. published in 1696 by Dr. Smith, it is thus described: "A collection of Plays, in old English metre: h. e. Dramata sacra, in quibus exhibentur historiae veteris & N. Testamenti,

dialektisch nicht) anführen liesse, was entschieden dagegen spräche. Während jedoch alle literarhistoriker darüber einig sind, Co mit mehr oder minder bestimmheit nach Coventry zu versetzen, so verhalten sie sich betreffs der in der James'schen notiz ebenfalls bezeichneten darsteller auffällig abweichend von einander. Jedenfalls ist aber gerade dieser punkt der bei weitem wichtigere. Denn wenn es im grunde ziemlich gleichbedeutend ist, ob Co in dieser oder jener stadt aufgeführt wurde, so ist es andererseits von hohem wert zu wissen, ob diese aufführungen von zünften oder von mönchen veranstaltet wurden, da in letzterem falle dieselben aus dem rahmen dessen, was wir über die darstellungen altenglischer kollektivmisterien wissen, als vereinzelte ausnahme heraustreten würden.

Coventry war, besonders im 15. jahrhundert wegen seiner aufführungen von Corpus Christi Plays weithin berühmt. Als aufführende werden einerseits die dortigen Grey Friars (Franziskaner), andererseits die zünfte der stadt genannt.[1] Dieser unterschied ist nie scharf genug festgehalten worden. Auch Halliwell ist über denselben nicht klar gewesen, indem er s. VIII sagt:

'Coventry was a place formerly famous for the performance of its Corpus Christi Plays by the Grey Friars, in the same manner as Chester was for the performances of its trading companies. Mr. Sharp's Dissertation on the Coventry Mysteries, 4to; Cov. 1816 (NB. in wirklichkeit 1825) contains a most curious and valuable collection of information[2] relative to the plays once performed there, and the manner in which the actors were dressed'.

Jedoch schon der vollständige titel des Sharp'schen werkes weist darauf hin, dass seine nachrichten weder die aufführ-

---

introductis quasi in scenam personis illic memoratis quas secum invicem colloquentes pro ingenio finget Poeta. Videntur olim coram populo, sive ad instruendum sive ad placendum, à Fratribus mendicantibus repraesentata".'

[1] Ueber die aufführungen der zünfte haben wir zahlreiche und sichere nachrichten, mit hilfe deren wir dieselben bis 1416 bezw. 1392 zurückverfolgen, ihrem ursprung nach also eventuell noch früher ansetzen können. Andererseits sind uns durch glaubwürdige angaben die aufführungen der Grey Friars 'before the suppression of the monasteries' verbürgt. Da aber das Franziskanerkloster zu Coventry 1538 geschlossen wurde, und die gildenspiele bis 1580 fortgesetzt wurden, beide aufführungen aber fronleichnamsspiele waren, so ergibt sich ein nicht sehr wahrscheinliches zeitliches zusammenfallen bezw. nebeneinanderhergehen von mönchs- und zunftspielen, worauf später noch rücksicht genommen werden soll.

[2] 'Collected from the records of the corporation'.

rungen der Grey Friars betreffen, noch den aufzeichnungen
dieser brüderschaft entnommen sind. Vielmehr behandelt Sharp
nach einigen einleitenden bemerkungen über den Ludus Coventriae ausschliesslich die gildenaufführungen zu Coventry und
entnimmt seine mitteilungen den städtischen urkunden. Das
von den gilden aufgeführte kollektivmisterium hält Sharp für
verloren und nur ein uns erhaltenes spiel für einen rest desselben: *The Pageant of the Company of Shearmen and Taylors*,
das er s. 83—114 abdruckt. Seitdem fand sich noch ein zweites, ursprünglich zu dem gildencyklus von Coventry gehöriges
spiel, welches Sharp 1836 herausgab, zu der zeit, als er die
erwähnte dissertation schrieb, jedoch noch nicht kannte.[1] Co
betreffend sagt Sharp s. 7:

'the reader must draw his own conclusion as to the probability of
these Plays being really the 'Ludus Coventriae", and appertaining to
the Grey Friars: for they certainly were no part of the Plays
or Pageants exhibited by the Trading Companies of the
City'.

In bezug auf den verneinden teil dieses urteils kann man
Sharp durchaus beistimmen: die personenverzeichnisse von einzelnen der gildenspiele, die uns in vier fällen erhalten sind
(Sharp, s. 13, 36, 47, 66) weichen entschieden von denen ab,
die wir uns aus den entsprechenden spielen von Co konstruieren
können. Auch weicht das als rest von dem kollektivmisterium
der gilden von Coventry erhaltene spiel der *Shearmen* und *Taylors* von den ihm inhaltlich entsprechenden spielen in Co (11,
12, 16, 17, 19) durchaus ab.[2] So viel ist also völlig gewiss:
Co enthält nicht die 'performances of the trading companies'
of Coventry. Wenn man demnach, wie allgemein geschieht,
Co nach Coventry setzt, wofür, wenn auch durchaus keine
sicherheit, so doch einige wahrscheinlichkeit vorhanden ist,
so liegt darin zugleich die zwingende nötigung, es für die
aufführungen der Grey Friars zu halten. Doch trotz der einfachheit dieser deduktion finden sich über den letzteren punkt
die abweichendsten angaben, die zum teil jeder bestimmtheit entbehren:

---

[1] The Weaver's Play, "The Presentation in the Temple and Disputation with the Doctors; edited by Thos. Sharp, for the Abbotsford
Club, 1836.

[2] Das zweite aus Coventry erhaltene gildenspiel ist mir zu keiner
vergleichung zugänglich gewesen.

Collier (II, 138) übergeht die frage ganz, indem er einfach sagt:
'A volume called the Ludus Coventriae, consisting of Miracle-plays said
to have been represented at Coventry on the feast of Corpus Christi'.

Ulrici (s. 21—24) ist höchst unsicher und möchte, wenn nötig, nur
die ersten dreizehn spiele den Grey Friars zuweisen. Doch gibt er
weder an, als was dann der rest der sammlung anzusehen sei, noch
bringt er für die von ihm vorgenommene teilung wirklich stichhaltige
gründe vor.

Warton hingegen (in der ausgabe von 1871, III, 159) weist Co ohne
jede skrupel, aber auch ohne jede andere begründung als die angabe
James', den Grey Friars zu.

Klein (s. 729) — trotz seines schwer definierbaren charakters muss
dieses werk doch immerhin berücksichtigt werden — hält gar noch Co
für identisch mit den gildenaufführungen.

Ward (I, 40) endlich setzt auch die sammlung nach Coventry, ist
aber in bezug auf den zweiten punkt ziemlich unverständlich; er sagt:
'Though it has been remarked (Collier II, 147): that "during the
whole of the period from 1416 to 1591 there is not the slightest in-
dication that the clergy in any way co-operated", I cannot but think
that the Coventry Plays show signs, if not of an ecclesiastical origin,
at all events of the influence of ecclesiastical minds in their composition'.

Für letztere annahme, sowie 'for suspecting clerical hands
to have been concerned in the composition of these plays' gibt
Ward darauf einige 'internal evidences'. Dem ist jedoch ent-
gegen zu halten: Collier's behauptung wird widerlegt durch die
angaben Dugdale's in seinen Antiquities of Warwickshire, 1656,
p. 116, col. 1, welche Sharp und Halliwell mitteilen. Spuren
von geistlichem einfluss in ursprung und entwickelung aber sind
doch wahrlich nicht nur in Co, sondern in allen vier kollektivmisterien auf den ersten blick zur genüge zu finden.[1] Denn
Ward's weitere ansicht betreffs der entstehung von Ch: 'doubt-
less written by tradesmen for tradesmen' wird wol kaum jemand
ernsthaft nehmen, wenn man nur bedenkt, dass ja auch Ward
deren entstehung rund in das jahr 1400 setzt. Wegen dieser
bis in die neueste zeit vorhandenen unsicherheit in dieser frage
sei dieselbe kurz untersucht.

Man nimmt allgemein auf die autorität James', sowie darauf
hin, dass nichts entscheidend dagegen spricht, Coventry als
heimat von Co an. Genau dieselbe autorität nennt aber — nur,
wie wir sahen, in noch viel bestimmterer form — als die dar-

---

[1] Vgl. Ebert, s. 71: 'Die abfassung der stücke war gewiss überall
und jeder zeit das werk von klerikern'.

steller von Co 'monachos sive fratres mendicantes'. In Coventry haben nun wirklich aufführungen eines kollektivmisteriums durch die Grey Friars (Franziskaner), also bettelmönche, stattgefunden. Daneben finden sich allerdings die sichersten nachrichten, dass auch die zünfte in Coventry spiele aufführten. Co enthält aber bestimmt nicht die von diesen gespielten stücke. Da schon die zwei darstellungen neben einander sehr verwunderlich sind, so wird wol niemand noch eine dritte art von aufführungen annehmen wollen, deren ms. Co wäre. — So liegen die verhältnisse, wenn man ihnen klar ins auge schaut. Dass derjenige, welcher in diesem falle A sagt, d. h. Coventry als heimat von Co annimmt, auch B sagen muss, d. h. die Grey Friars von Coventry als aufführer von Co annehmen, kann darnach wol keinem zweifel mehr unterliegen. Die folgerung ist mathematisch genau, das resultat also sicher richtig, wenn es die voraussetzung ist. Doch eben diese steht bei aller wahrscheinlichkeit, doch auf schwachen füssen. Deshalb habe ich gesucht, das resultat an sich durch direkte wahrscheinlichkeitsgründe zu stützen und dadurch rückgängig auch der voraussetzung halt zu verleihen.

Eine genauere untersuchung von Co erschliesst uns nämlich so manche umstände, welche es uns an sich sehr unwahrscheinlich machen, in Co wie in den anderen drei sammlungen gildenspiele zu sehen.

In Y und Ch sind jedem einzelnen mister die namen der betreffenden zunft oder zünfte vorangestellt, denen seine aufführung oblag. In T sind uns, wie schon erwähnt, wenigstens die gildennamen an vier stellen erhalten. In Ch verkündet ausserdem der voraufgehende prolog zugleich mit einer kurzen inhaltsangabe jedes einzelnen spieles die betreffenden gilden, z. b.:

   Cappers and lynnen-drapers, see that you fourth bringe ...
oder:
   You, gouldesmythes and masons, make comely shewe ...

Nur Co entbehrt sowol in den einzelnen spielen, als auch besonders in dem langen prolog, der abwechselnd von zwei *vexillatores* gesprochen wird, jeder derartigen angabe. In letzterem werden die einzelnen spiele durch wendungen angekündigt wie:

    In the ffyrst pagent, we thenke to play
oder:
    The sexte pagent is of Moyses u. s. w.

Dieser letztere umstand scheint mir besonders bezeichnend zu sein; denn wenn die aufführungen durch zünfte stattgefunden hätten, so würden diese es sich sicherlich nicht haben nehmen lassen, sich würdevoll im prolog einzeln angekündigt zu sehen.

Einen weiteren bemerkenswerten unterschied von den übrigen sammlungen zeigt Co betreffs der abgrenzung der einzelnen spiele. Dieselbe ist in jenen eine durchaus scharfe und exakte, und musste es sein, damit durch die proben, welche von den einzelnen gilden getrennt abgehalten wurden, nicht missverständnisse erzeugt würden. Ueberhaupt besass jede zunft eine abschrift des ihr zukommenden spieles als eine art souffleurbuch.

Auch in T, wo nicht schon durch die nennung der neuen gilden die abschnitte gebildet werden, schliesst stets ein *explicit* das eine und eröffnet ein *sequitur* oder *incipit* das nächstfolgende spiel. In Co jedoch ist eine trennung der einzelnen stücke in vielen fällen gar nicht vorhanden und lässt sich auch durch die ungenauen angaben des prologs nicht herstellen. Die von Halliwell gemachte annahme von 42 spielen ist eine ziemlich eigenmächtige (der prolog nennt 40 pagents) und er sagt s. XII selbst:

'In the order of the pageants, I have not regarded the speeches of the vexillatores; and the divisions in the ms. being very incorrectly given, I have endeavoured to make as correct an arrangement as possible'.

In einzelnen fällen ist die trennung Halliwell's sogar eine der wirklichkeit entschieden entgegenlaufende, so zwischen 27 und 28 und zwischen 29, 30, 31 und 32, indem in diesen fällen durch verbindende bühnenanweisungen[1] die zusammengehörigkeit der zwei bezw. vier spiele Halliwell's völlig gesichert ist. In einigen anderen fällen, wie z. b. zwischen 1 und 2, spricht zwar nichts direkt gegen die vorgenommene teilung, aber auch durchaus nichts für dieselbe. Jedenfalls ist die trennung der einzelnen spiele in der hs. so auffallend ungenau, dass sie sich nicht erklären liesse, falls jene die sammlung von spielen einzelner gilden sein sollte.[2] Auch wäre es durchaus nicht glaub-

---

[1] Vgl. die spielanweisungen s. 279, 289, 307, 311.
[2] Besonders, da das ms. 1468, also zu einer zeit abgefasst ist, zu der die aufführungen — selbst wenn Coventry nicht ihr ort wäre — sicher

lich, dass der bei der aufführung sicher einheitliche komplex 29—32, der in der ausgabe allein 40 seiten umfasst, ein einzelnes gildenspiel, selbst wenn an seiner ausführung verschiedene zünfte vereint zusammengewirkt hätten, gebildet haben könnte.

Ein weiterer grund, der gegen die aufführung von Co durch handwerker spricht, findet sich in der abweichenden art und weise, in der *Noah's Flood* im vierten spiel von Co behandelt ist. In Y spielen das entsprechende spiel *the Shipwrites,* in Ch *the Watter Leaders and the Drawers of Dee*[1]; in T ist uns der name der betreffenden zunft nicht überliefert, doch sicher stand sie der von Y noch näher als die in Ch. Denn besonders in Y und T — doch nicht viel weniger in Ch — ist der aufbau der arche, der sich zum teil vor den augen der zuschauer vollzieht, ein kleines detailgemälde der schiffbaukunst: handwerkszeug und die einzelnen verrichtungen werden im einzelnen aufgezählt, und man merkt, mit welch' selbstbewusstem behagen die gilde ein möglichst wirksames bild ihrer geschicklichkeit zu geben sich mühte. Das gerade gegenteil aber in Co! Noah, nachdem er den befehl Gottes erhalten hat, die arche zu bauen, sagt abgehend (s. 44):

A shyppe for to make now lete us hens pas,
That God agens us of synne have no complaint.

Darauf jedoch folgt die auf 1. Mos. IV, 23 und 24 gegründete episode zwischen Lamech, Cain und Adolescens, die mit dem eigentlichen stück so wenig zu tun hat, dass sie stark einem lückenbüsser ähnlich sieht, der die verlegenheit wegen des archenbaues verbergen soll. Nach beendigung dieser scene findet sich nur die naive bemerkung:

Hic recedat Lameth (sic) et statim intrat Noe cum navi cantantes.

Aehnlich, wenn auch nicht ganz so bezeichnend, ist das verhältniss der vier sammlungen bei aufführung der kreuzigung Christi. Auch hier geben Y und T und Ch eine ausführliche beschreibung der handwerklichen verrichtungen beim (fingierten) aufnageln des körpers und der aufrichtung des kreuzes, unter nennung von allerhand werkzeugen und anwendung ver-

---

noch wirklich stattfanden, mithin die einzelnen spiele durch dieselben noch scharf hätten getrennt sein müssen.
[1] Der fluss, an dessen mündung Chester liegt.

schiedener technischer ausdrücke, während Co (s. 319) den nicht zu umgehenden vorgang in auffälliger kürze erledigt.

Während jedoch alle diese umstände nur gegen eine aufführung durch handwerker sprechen, so lassen sich zweitens aus dem allgemeinen, von dem der anderen kollektivmisterien abweichendem charakter von Co zahlreiche gründe gewinnen, welche, meiner ansicht nach, gerade eine darstellung durch mönche höchst wahrscheinlich machen. Einzelne spiele und scenen zeigen nämlich eine so auffällig mönchisch-klerikale auffassung und behandlung [1], dass sich mir die eben angeführte annahme schon durch sie allein nötig zu machen scheint, da keine der übrigen sammlungen etwas dem ähnliches aufzuweisen hat (vgl. besonders die spiele 9, 10, 14, 20, 24, 27). Mit diesem allgemeinen hinweis können wir uns hier um so eher begnügen, da die betreffenden momente in der hauptsache bereits bei Ulrici und Ward betont und angeführt worden sind, und da es hier auch zum grossen teil auf einen gesammteindruck ankommt, der sich im einzelnen schwer darlegen und im grunde nur durch eigene anschauung gewinnen lässt. Die andererseits in Co allerdings auch vorhandenen fälle einer rohscherzenden sprache und komischer scenen [2] scheinen mir die annahme der aufführung durch mönche durchaus nicht zu widerlegen oder unmöglich zu machen: denn Co hat dieselben mit den anderen sammlungen gemein, und die mönche folgten deshalb wahrscheinlich nur dem zuge der zeit und dem veränderten geschmacke des publikums. Denn dass die weltlich-komischen scenen in Co erst später hinzugefügt worden sind, beweist der prolog, in dem es s. 18 noch heisst:

Of holy wrytte this game xal bene,
And of no fablys be no way.

Wenn wir ausserdem Coventry als aufführungsort annehmen, so können die mönche zu dem zugeständniss an die lachlust der zuschauer durch die zunftaufführungen veranlasst worden sein, welche vielleicht durch einige possenhafte auftritte die zuschauer besser anzulocken verstanden als jene mit ihren frommen sermonen.

---

[1] Hiermit sind nicht religiös-ernste und auch nicht kirchlich-liturgische elemente zu verwechseln, welche später berücksichtigung finden sollen.
[2] Darüber siehe weiter unten.

Dies führt uns zu einer dritten art von gründen, die es
im speziellen wahrscheinlich machen, dass die auffűhrung von
Co gerade durch die Grey Friars von Coventry stattgefunden
habe; denn während sich die betreffenden stellen bei dieser
annahme leicht erklären lassen, würden sie andernfalls nur
auffällige abweichungen von dem bilden, was wir über die darstellung
der altenglischen kollektivmisterien wissen. Hierher
gehört zunächst der umstand, dass die aufführung von Co sich
auf zwei auf einander folgende jahre verteilte, während die
spiele von zünften immer in einem zuge, wenn auch wie in
Chester an mehreren tagen, dargestellt wurden. In Co heisst
es nämlich im 29. spiel, s. 289:

> We intendyn to procede the matere that we lefte the last yere;

und s. 290:

> The last yere we shewyd here how oure Lord for love of man
> Cam to the cety of Jherusalem mekely his deth to take.

Auf diesen brauch allein könnte sicher nicht viel gewicht gelegt
werden. Doch deutet auf einen zweiten bemerkenswerten
umstand, durch den jener brauch bedeutung erlangt, der schluss
des prologs, wo es s. 18 heisst:

> A Sunday next, yf that we may,
> At VI of the belle we gynne oure play,
> In N. towne, wherfore we pray,
> That God now be youre spede.

Man hat mit recht nämlich aus der vorletzten zeile geschlossen,
dass Co nicht stets an demselben orte aufgeführt worden sei,
indem der prolog statt N(omen) immer den namen des platzes
verkündete, an dem gerade gespielt werden sollte. Dieser auffällige
umstand scheint mir aber durchaus nicht, wie man vermutet
hat, gegen die wirkliche zugehörigkeit des prologs zu
den folgenden spielen, noch dagegen zu sprechen, dass diese
in Coventry aufgeführt worden seien. Ganz im gegenteil! Es
ist oben (s. 14) auf das recht auffällige und wenig wahrscheinliche
nebeneinanderhergehen von zunft- und mönchsaufführungen
in ein und derselben stadt aufmerksam gemacht
worden. Was also wäre wahrscheinlicher, als dass die Grey
Friars von Coventry, nachdem die aufführungen der zünfte
dieser stadt sich ebenfalls berühmtheit und zulauf errungen
hatten[1], durch diese konkurrenz veranlasst, ihre darstellungen

---

[1] Und aus dieser zeit stammt das ms. von Co.

mitunter — vielleicht in den durchaus nicht regelmässig auf einander folgenden jahren, in denen die zünfte spielten — auch nach anderen orten in der umgebung von Coventry trugen? Und würde sich nicht auch durch jene konkurrenz am besten die oben erwähnte einschränkung erklären, infolge deren die aufführungen von Co nicht mehr, wie doch wahrscheinlich im anfang, in einem jahre zu ende gespielt, sondern auf zwei auf einander folgende jahre verteilt wurden?

Jedenfalls sehen wir, wenn wir alle diese momente unparteiisch ins auge fassen, dass für die zuweisung von Co an die Grey Friars von Coventry auch an sich verschiedene umstände sprechen, welche es 1) unwahrscheinlich machen, in Co überhaupt gildenspiele zu sehen, 2) es wahrscheinlich erscheinen lassen, in Co gerade von mönchen veranstaltete aufführungen zu erblicken und 3) auch gerade zu dem umstande passen, dass in Coventry die spiele von zünften und mönchen neben einander hergingen. Nun leuchtet aber ein, dass dieses ergebniss widerum rückwirkend als stützpunkt für die an sich nur schwach begründete voraussetzung dient, die heimat von Co in Coventry zu suchen.

Wir können also mit verhältnissmässig grosser wahrscheinlichkeit, der an sich nicht überzeugenden angabe James' gemäss, Co wirklich nach Coventry setzen und in ihm — was dann nötig! — die aufführungen der dortigen Grey Friars erblicken. Demnach haben wir in Co, und das ist das wichtigste, spiele, die von einer mönchischen brüderschaft und nicht, wie alle übrigen altenglischen kollektivmisterien, von vereinigten zünften dargestellt wurden.

Nachdem durch untersuchung dieser beiden Ch und Co betreffenden hauptfragen das terrain sozusagen aufgeklärt ist, können wir mit grösserer sicherheit unsere eigentliche aufgabe in angriff nehmen.

Schon ein flüchtiger vergleich der vier altenglischen kollektivmisterien in bezug auf die auswahl der zur darstellung gebrachten stoffe lässt bei aller verschiedenheit im einzelnen eine auffallende übereinstimmung im ganzen aufbau erkennen: Die alttestamentlichen stücke sind der zahl nach sehr beschränkt; sie beginnen mit der erschaffung der welt und führen uns in raschem gange bis zu Moses. Die ganze weitere geschichte des jüdischen volkes bis zur geburt Christi, die fast ausschliesslich von biblischen stoffen in späterer und neuester zeit zu dramatischen kompositionen verwant wurde, ist in allen vier sammlungen gänzlich übergangen. Einige alttestamentliche weissagungen leiten die neutestamentlichen stücke ein, die bei weitem den hauptbestandteil aller fassungen ausmachen. In diesem teile bilden wider die natürlichen hauptcentren die geburt, passion und auferstehung Christi, während sein leben und wirken widerum mit verhältnissmässiger kürze dargestellt ist. Den schluss der aufführungen bildet das jüngste gericht. Dies ist im grossen der allen sammlungen gemeinsame gang der darstellung.

Es ist ganz sicher, dass sowol die von zünften als auch die von mönchen veranstalteten aufführungen der altenglischen kollektivmisterien in keiner weise mehr mit der kirche in direktem zusammenhange standen. Trotzdem aber verrät diese auswahl der in ihnen behandelten stoffe unverkennbar eine — wenn auch weit hinter unseren überlieferungen zurückliegende — beziehung zu dem älteren kirchlich-religiösen drama. Die erzählungen von der geburt, passion und auferstehung Christi hatten sich im anschluss an die kirchlichen festgottesdienste zu weihnachten, ostern und pfingsten aus den textvorlesungen der evangelien allmählich zu abgerundeten scenischen darstellungen entwickelt.[1] Durch verschiedene ursachen von den kirchen auf die plätze und strassen der stadt gedrängt und aus den händen der geistlichen in die der laien übergegangen, wurden diese aufführungen, die sich zu weihnachten ja schon aus leicht ersichtlichen gründen verboten, in grosse kollektiven zusammengefasst und an einem besonders wichtigen tage des kirchlichen jahres, meist[2] dem frohnleichnamstage, dargestellt. Daher erklärt es sich denn, dass selbst noch in diesen ausserkirchlichen misterienaufführungen, die in der zeit, aus der unsere überlieferungen stammen, schon zum grössten teil der unterhaltung, ja belustigung der zuschauer dienen sollten, das kirchlich-religiöse interesse für die auswahl der

---

[1] Ob diese entwickelung in England selbständig vor sich gegangen oder durch französisches vorbild angeregt und beeinflusst worden ist, ist an sich wol sehr wichtig, doch ohne bedeutung für die richtigkeit der folgenden ausführungen.
[2] Wenn auch nicht ausnahmslos; vgl. weiter unten.

zur verfügung stehenden stoffe geltend blieb, bezw. die von demselben früher getroffene auswahl in der hauptsache einfach beibehalten wurde.

Doch sicher trat zu dem zwange der gewohnheit und überlieferung noch ein weiterer in derselben richtung wirkender umstand. Die verfasser (bezw. übersetzer und zusammenarbeiter) der für laienaufführungen bestimmten kollektivmisterien waren in der zeit ihrer entstehung zweifelsohne geistliche, die unter dem einflusse der ihnen geläufigen ganz- oder halbkirchlichen misterienliteratur diese neuen cyklen herrichteten und dabei teils aus bequemlichkeit das schon vorhandene nur umarbeiteten, teils aus einem nie ganz verloren gegangenen bewusstsein von der religiösen bedeutung solcher darstellungen zur vervollständigung und abrundung der sammlungen nur solche stoffe hinzunahmen, die zu den lehren und misterien des christlichen glaubens in engster beziehung standen. Sie fügten also den natürlichen drei, sich um Christi person gruppierenden centren aus dem alten testament nur wenige und nur solche stücke hinzu, die durch weissagungen und hinweise auf das kommende heil mit der geschichte Christi im zusammenhange standen. Auch das, was dem eigentlichen leben Christi entnommen wurde, war meist auf Christus im tempel, seine taufe, seine versuchung und die auferweckung des Lazarus beschränkt. Anderweitige stoffe, die trotz ihres biblischen inhalts ein weltliches gepräge und in folge dessen einen mehr menschlichergreifenden, dramatischen charakter besitzen[1], wurden hingegen in allen sammlungen fast gänzlich ausser acht gelassen.

Es ist allerdings unverkennbar und soll später ausführlicher dargestellt werden, dass sich in den kollektivmisterien, wie sie uns erhalten sind, auch ein beträchtlicher laieneinfluss erkennen lässt, der auf dieselben im laufe der zeit ausgeübt wurde. Doch dieses unklare gefühl für eine höhere, dramatisch-lebendige wirkung — so sicher es sich auch nachweisen lässt — war und blieb zu schwach und unselbständig, um sich durch die einführung neuer, entwickelungsfähiger stoffe zu betätigen, sondern gab sich vielmehr in der veränderten behand-

---

[1] Wie sie besonders die geschichte der Juden nach Moses und z. t. das leben und wirken Christi aufweist.

lung und erweiterung der gegebenen kund, woraus sich denn
der befremdliche und oft auf den ersten blick abstossende
mischcharakter ergab, der uns in diesen dramatischen anfängen
entgegentritt.
Eine vergleichende inhaltsangabe der drei ihm bekannt gewesenen
sammlungen gibt Collier. Jedoch von dem mangel einer heranziehung
von Y abgesehen, analysiert er nicht alle stücke, sondern gibt von manchen
nur die titel. Um einen vergleichenden überblick über die stoffe
aller vier sammlungen zu ermöglichen, gab darum fräulein Toulmin Smith
als appendix I zu ihrer ausgabe von Y 'a comparative table of English
Cycles of Religious Plays', worin sie auch das überlieferte spielverzeichniss
des sonst verlorenen Beverleycyklus[1] berücksichtigt und die ihrem titel
nach entsprechenden stücke nebeneinander stellt. Doch gibt diese tabelle,
von kleinen, tabellarisch nicht auszudrückenden abweichungen abgesehen,
in vielen fällen ein ganz unkorrektes bild, indem sie sich eben nur auf die
titel stützt. Diese sind aber oft ganz ungenau (in Co willkürlich von Halliwell),
so dass stücke gleichen titels oft ganz verschiedenen inhalts sind.
So setzt die tabelle z. b. das 20. T-spiel gleich dem 28. in Y, während es
in wirklichkeit vollen drei stücken letzterer sammlung entspricht, oder es
scheint ihr zufolge Ch kein spiel über Christus im tempel zu besitzen,
während es nur den zweiten teil des 11. spiels (Purification) einnimmt.
Einen möglichst genauen vergleich soll folgende tabelle ermöglichen.

Stoffe	Y	T	Co	Ch
Schöpfung und fall der engel	1, 2, 3	1	1	1, 2
Sündenfall	4, 5, 6	1	2	2
Kain und Abel	7	2	3	2
Kain's ermordung durch Lamech	—	—	4	—
Noah und die flut	8, 9	3	4	3
Abraham, Lot und Melchisedech	—	—	—	4
Abraham und Isaak	10	4	5	4
Isaak und seine söhne	—	5	—	—
Jakob bei Laban und heimkehr	—	6	—	—
Auszug aus Egypten	11	8	—	—
Moses und die zehn gebote	—	7	6	5
Balaam und Balaak	—	—	—	5
Propheten	12	7	7	
Anna und Joachim	—	—	8	—
Maria im tempel	—	—	9	—
Maria's verheiratung	—	—	10	—
Augustus und Cyrenius	—	9	—	—
Verkündigung	12	10	11	6
Maria bei Elisabeth	12	11	13	6
Joseph's argwohn	13	10	12	6
Joseph und Maria vor gericht	—	—	14	—
Geburt Christi	14	—	15	6

[1] Derselbe entspricht verhältnissmässig genau der fassung Y.

Stoffe	Y	T	Co	Ch
Octavian's bekehrung	—	—	—	6
Anbetung der hirten	15	12, 13	16	7
Drei könige aus dem morgenlande	16, 17	14	17	8, 9
Reinigung Mariä	41	17	18	11
Flucht nach Egypten	18	15	19	10
Herodes' kindermord	19	16	19	10
Christus im tempel	20	18	20	11
Taufe	21	19	21	—
Versuchung	22	—	22	12
Verklärung	23	—	—	—
Christus und die ehebrecherin	24	—	23	12
Heilung des blinden	—	—	—	13
Auferweckung des Lazarus	24	31	24	13
Einzug in Jerusalem	25	—	26	14
Verschwörung der Juden	26	20	25	14
Abschluss des handels mit Judas	26	20	27	14
Abendmahl und fusswaschung	27	20	27	15
Todesnot und gefangennahme	28	20	28	15
Jesus vor den hohenpriestern	29	21	30	16
Jesus vor Pilatus	30	—	30	16
Jesus vor Herodes	31	—	29, 30	16
Zweites verhör vor Pilatus und urteil	32, 33	22	32	16
Judas' reue	32	32	32	—
Traum des weibes des Pilatus	30	—	31	—
Weg nach Golgatha	34	22	32	17
Kreuzigung und tod	35, 36	23	30	17
Kreuzesabnahme und grablegung	36	23	34	17
Pilatus und die häscher würfeln um Christi kleider	—	24	—	—
Höllenfahrt	37	25	33, 35	18
Auferstehung	38	26	35	19
Klagen der drei Marien	38	26	36	19
Christus und Maria Magdalena	39	26	37	—
Jünger auf dem wege nach Emmaus	40	27	38	20
Thomas' ungläubigkeit	42	28	—	—
Himmelfahrt	43	29	39	21
Ausgiessung des heiligen geistes	44	—	40	22
Mariä tod	45	—	41	—
Maria erscheint Thomas	46	—	—	—
Mariä himmelfahrt	47	—	41	—
Prophezeiungen betr. das ende der welt	—	—	—	23
Macht und sturz des antichrist	—	—	—	24
Jüngstes gericht	48	30	42	25 [1]

---

[1] Die anzahl der spiele von Ch findet man schwankend als 24 oder 25 angegeben. Es sind 25; doch vergass der schreiber, der die spiele numerierte, das 16 stück zu rubricieren, so dass er nur bis 24 zählt.

Hierbei ist jedoch zu berücksichtigen, dass nach angabe von fräulein Toulmin Smith (Y, s. XLVI) dem ms. von T am anfange und zwischen Ascensio (29) und Juditium (30) je zwölf blätter fehlen, wovon — wie von anderen eventuellen lücken — die herausgeber keine nachricht gegeben haben. Die zwölf blätter am anfange können nichts direkt zur sammlung gehöriges enthalten haben, da dieselbe regelrecht mit der schöpfung beginnt (vielleicht einen prolog oder ein anderes ms.). Der zweite verlust jedoch erklärt uns das auffällige fehlen jedes stückes in T zwischen himmelfahrt und jüngstem gericht, während in Y vier, in Co zwei und in Ch drei spiele zwischen diese beiden fallen. Eine weitere lücke in T befindet sich augenscheinlich zwischen Coliphizatio (21) und Flagellacio (22), wo das erste verhör bei Pilatus und das vor Herodes fehlen, welche scenen sonst alle übrigen sammlungen in übereinstimmung behandeln und deren ehemaliges vorhandensein in T der schluss von 21 und die anfangsworte des Primus Tortor in 22 (s. 204) sicher erweisen. Sehr wahrscheinlich ist endlich eine lücke zwischen Salutacio Elizabeth (11) und Prima Pastorum (12), da hier das wichtige mister von der geburt Christi fehlt, das wir seiner bedeutung nach wol sicher als ursprünglich vorhanden annehmen können.

Unter berücksichtigung dieser, besonders der ersten zwei umstände erscheint der aufbau sämmtlicher vier sammlungen in bezug auf die ausgewählten stoffe um so einheitlicher und übereinstimmender. Die allen sammlungen gemeinsamen stoffe, die sich aus obiger tabelle ergeben, umfassen demnach[1]:

1. Stücke des alten testaments:
schöpfung, fall der engel — sündenfall — Kain und Abel — Noah und die flut — Abraham und Isaak.
2. Geburt und kindheit Christi:
verkündigung — Maria bei Elisabeth — Joseph's argwohn — geburt Christi — anbetung der hirten — drei könige aus dem morgenlande — reinigung Mariä — flucht nach Egypten — Herodes' kindermord.
3. Lehr- und wanderzeit Christi:
Christus im tempel — auferweckung des toten Lazarus.
4. Leidensgeschichte Christi:
verschwörung der Juden — handel mit Judas — abendmahl und fusswaschung — todesnot und gefangennahme — Jesus vor den hohenpriestern — Jesus vor Pilatus — Jesus vor Herodes — zweites verhör vor Pilatus und urteil — weg nach Golgatha — kreuzigung und tod — kreuzesabnahme und grablegung.
5. Auferstehungsgeschichte u. s. f.:
höllenfahrt — auferstehung — klagen der drei Marien — jünger

---

[1] Dies stimmt im allgemeinen auch für den Beverley-cyklus, indem sich über einige ganz geringe abweichungen bei der oben erwähnten ungenauigkeit der titelangaben in den misteriensammlungen nicht urteilen lässt.

auf dem wege nach Emmaus — himmelfahrt — ausgiessung des
heiligen geistes — jüngstes gericht. Von diesen stoffen können wir demnach mit ziemlicher
gewissheit annehmen, dass sie — unbedeutende schwankungen
zugegeben — in übereinstimmender weise den grundstock der
altenglischen kollektivmisterien ausgemacht haben. Alle diese
stoffe aber beruhen mit einer einzigen ausnahme auf biblischer
quelle[1]; denn nur das spiel von der höllenfahrt Christi beruht
auf rein apokrypher grundlage.[2] Doch ist gerade bei diesem
stoffe zu berücksichtigen, wie ausserordentlich populär er bereits
im frühen mittelalter in England war, wo er in angelsächsischer
zeit zu einem epischen gedicht und um 1300 zu dem ältesten
uns erhaltenen mister verarbeitet wurde. Da also so gut wie
alle diese ursprünglichen stoffe auf biblischen quellen beruhen,
so können wir auch annehmen, dass ihre ursprüngliche ausführung
ebenfalls in der hauptsache den biblischen angaben
folgte. In den uns erhaltenen fassungen jedoch finden sich
auch in diese spiele im einzelnen zahlreiche apokryphe züge
hineingetragen, die bei der ersten abfassung sicher noch nicht
sämmtlich vorhanden waren und sich zum teil auch schon
äusserlich als spätere hinzufügungen zu erkennen geben.

Ebenso aber, wie in den einzelnen biblischen stoffen apokryphe
züge, so wurden in den ganzen sammlungen, und zum
teil sicher schon bei ihrer entstehung, zu den ursprünglichen
stoffen noch weitere — teils biblische, teils apokryphe — hinzugefügt,
in deren auswahl die einzelnen cyklen ihre eigenen, in
gewissen richtungen von einander abweichenden wege gingen.
In folge dessen bildeten im gegensatz zu den übrigen sammlungen
Y besonders das leben und wirken Christi[3] und den
Marienkultus, T die alttestamentlichen stoffe, Co das kindheitsevangelium
und Ch die zur auferstehung gehörigen bezw. nach
ihr fallenden stoffe weiter aus.

In wie fern auf diese weiterentwickelung der altenglischen kollektivmisterien
der Cursor Mundi einfluss ausübte, bleibt noch zu untersuchen;
denn L. Proescholdt sagt in seiner recension der ausgabe von Y (Anglia
VIII, anzeiger s. 160) zu viel, wenn er meint, die einwirkung des C. M.

---

[1] Das spiel vom 'argwohn Joseph's' ist zwar hauptsächlich nach
apokrypher quelle ausgeführt, geht aber doch zunächst auf Matthäus I,
18—25 zurück.

[2] Angedeutet ist es ja allerdings auch im glaubensbekenntniss.

[3] Vgl. Y s. XV, wonach Y ursprünglich noch zwei weitere spiele von
der 'hochzeit zu Kana' und 'Jesus bei Simon dem aussätzigen' enthielt.

sei 'ein einfluss, der übrigens bereits von ten Brink auch mit bezug auf die anderen misteriensammlungen nachgewiesen ist'; denn meines wissens sagt ten Brink in seiner Gesch. der engl. Litt. s. 360 nur: 'Der umfassende plan (des C. M.) ist dem der kollektivmisterien ähnlich, die sich — um bald — nicht ohne den einfluss des Cursor Mundi zu erfahren — zu gestalten begannen'.

Der hauptbestandteil der kollektivmisterien aber blieb die leidensgeschichte Christi, was sich schon aus der aufführungszeit (frohnleichnamsfest) zur genüge erklärt. Die einzige ausnahme hiervon bildet Ch, wo die passion auf kosten der folgenden spiele verhältnissmässig kurz behandelt ist; doch liegt auch hierfür in der zeit der darstellung (pfingsten) die erklärung.

Fassen wir also das ergebniss dieses teiles unserer abhandlung zusammen, so ergibt sich:

Den übereinstimmenden grundstock der altenglischen kollektivmisterien bilden mit einer einzigen, sich aber leicht erklärenden ausnahme (Harrowing of Hell), nur solche stoffe, die auf biblische quellen zurückgehen. Diese bemerkenswerte übereinstimmung beruht jedoch aller wahrscheinlichkeit nach durchaus nicht auf ursprünglicher gegenseitiger beeinflussung unserer kollektiven, als vielmehr darauf, dass bei abfassung derselben die umfangreicheren kirchlichen misterien [1], welche sich im anschluss an die kirchlichen festlichkeiten bei gelegenheit der hohen feste herausgebildet hatten und dieses gleichen ursprungs halber zweifellos auch grosse ähnlichkeiten unter einander besassen, als mehr oder minder genaue vorbilder genommen, mit weiteren apokryphen zügen — einige besassen sie wol schon von anfang an — versehen, in einzelspiele aufgelöst und behufs einer gewissen vervollständigung der sammlungen durch weitere stoffe selbständig vermehrt wurden. Dieser erweiterungsprozess schritt mit der zeit mehr und mehr fort; jedoch blieb betreffs der auswahl der in die sammlungen aufzunehmenden stoffe dieselbe kirchlich-dogmatische tendenz, welche ursprünglich dafür massgebend gewesen war, so sehr in geltung, dass ein bald zunehmendes interesse an mehr weltlichdramatischen scenen, das sich in den kollektivmisterien nachweisen lässt, fast ausschliesslich auf die teilweise umgestaltung

---

[1] Gleichviel, ob dieselben in lateinischer oder teilweise bereits in englischer oder französischer sprache abgefasst waren. Ihre existenz ist zwar für England nicht so verbürgt, wie für andere länder, doch trotzdem nicht weniger wahrscheinlich (vgl. Ebert, s. 46).

und ausschmückung der ursprünglich streng kirchlichen stoffe beschränkt blieb.

So sehen wir in den altenglischen kollektivmisterien nicht abgeschlossene, sondern sich stetig ändernde und besonders anwachsende werke. Schon von den herausgebern wurde darauf hingewiesen, dass wir von jeder der vier sammlungen nicht die ursprüngliche gestalt besitzen und wol ebenso sicher haben wir von keiner die letzte, in der sie vor das publikum trat. Verschiedene zeiten und verschiedene menschen haben zusammengewirkt, um die uns erhaltenen fassungen zu erzeugen. Dieses häufige nach- und durcheinander von in jeder hinsicht verschiedenen elementen, welches uns in denselben entgegentritt, macht es natürlich sehr schwierig, das ursprüngliche von dem hinzugefügten, das alte von dem neuen zu trennen.

Der wechsel in sprachlicher hinsicht zwischen älteren und jüngeren und auch der zwischen nördlicheren und südlicheren formen, der sich in allen sammlungen — wenn auch in den einzelnen in verschiedenem maasse — findet, erklärt sich hieraus zur genüge. Denn wenn unsere kollektiven zunächst auch von lokaler entstehung und verbreitung waren, so wurden doch im laufe ihrer weiterentwickelung, wie sich im folgenden zeigen wird, einzelne spiele, scenen oder bruchstücke in sie aufgenommen, die an einem anderen orte entstanden waren. Auch werden ja die verfasser, änderer und abschreiber, wenn auch alle an demselben platze wohnhaft, nicht sämmtlich ebenda geboren worden sein. Im allgemeinen zeigen allerdings die vier sammlungen die sprache, welche an dem orte ihrer aufführung gesprochen wurde: Y und T also mehr nördlichen, Co und Ch mittelländischen dialekt. Doch müssen hier spezielle untersuchungen, die bei dem tatbestande nicht zu den leichtesten, aber in mancher hinsicht zu den lohnendsten gehören dürften, das genauere feststellen.

Für Y gab einige notizen über die sprache bereits die herausgeberin als index III. Weitere resultate einer dialektuntersuchung von Y — leider nicht alle, wie er angibt — teilt Herttrich in seiner oben genannten abhandlung (s. 1 u. 2) mit. Für die übrigen drei sammlungen fehlt jedoch noch so gut wie alles. Ich übergehe ebenfalls diesen für meine zwecke weniger wichtigen punkt, weil derselbe eine vollständige spezialuntersuchung erfordert und es nur von geringem nutzen sein würde, wollte ich hier einzelne unzusammenhängende beobachtungen mitteilen, welche mir beim studium der sammlungen aufstiessen.

Aehnliche verhältnisse aber wie die sprache bietet die metrische behandlung der sammlungen, die hier in den für uns wichtigsten punkten untersucht werden soll.[1] Wie sehr dies noch nötig ist, beweist die jüngste ansicht über diesen punkt, welche sich in Körting's Grundriss der Gesch. der engl. Litteratur findet, der in bezug auf die altenglischen kollektiven s. 142 sagt:

'Die misterien sind in versen (meist viermal gehobenen, paarweis gereimten kurzzeilen) abgefasst, oft sind strophisch gegliederte particen eingelegt (so z. b. in den Pastores der T.-m.)'.

Dass diese angabe den tatsächlichen verhältnissen gänzlich widerspricht, wird das folgende beweisen.

1. Y.

Ein tabellarisches verzeichniss der in dieser sammlung verwanten metra gibt bereits fräulein Toulmin Smith (s. LI). Proescholdt in seiner obengenannten recension sagt, dass binnen kurzem die versbehandlung von Y zum gegenstande einer eingehenden untersuchung gemacht werden solle; doch ist mir von einer solchen noch nichts bekannt geworden.[2]

Die meisten spiele von Y sind in von einander abweichenden strophen geschrieben. Zur verwendung kommen in den 48 spielen nicht weniger als 23 verschiedene. zum teil ausserordentlich kunstvolle strophenformen von vierzeiligen (stück 3) bis zu sechzehnzeiligen (stück 21); paarweise gereimte kurzzeilen kommen in der ganzen sammlung nicht vor. 17 von jenen formen erscheinen nur in je einem spiel, 5 in je 2 bis 4 spielen und eine einzige strophe (gebaut nach dem schema ababababcdcd) erscheint in grösserer ausdehnung, nämlich in folgenden 12 spielen:

10. Abraham und Isaak,
11. auszug aus Egypten,
12. verkündigung und Maria bei Elisabeth[3],
15. anbetung der hirten,
17. drei könige aus dem morgenlande,
20. Christus im tempel,
23. verklärung,
24. ehebrecherin und erweckung des Lazarus,
27. abendmahl und fusswaschung.

---

[1] Beachtenswerte, wenn auch sehr kurze und allgemeine notizen über einige metra der drei ihm bekannten kollektiven gibt Schipper, Altengl. Metrik, 1881, s. 226 ff.
[2] Die arbeit Herttrich's enthält nichts über diesen punkt, auch durchaus keine angabe, dass der noch nicht veröffentlichte teil seiner dissertation sich etwa mit dieser frage beschäftige.
[3] Mit ausnahme von strophe 13—19.

35. kreuzigung,
37. höllenfahrt,
44. aussgiessung des heiligen geistes.

Dies sind, mit eventueller alleiniger ausnahme von 11, 23 und eines teils von 24 nur solche spiele, die sicher bereits zur ersten fassung von Y gehört haben, so dass sie in der hauptsache den einheitlich verfassten kern der Yorksammlung gebildet haben werden, wofür auch der ausnahmslos ernst-religiöse charakter aller dieser stücke spricht.

Folgende fünf spiele:
28. todesnot und gefangennahme Christi,
29. Jesus vor den hohenpriestern,
30. traum von Pilati weib und Jesus vor Pilatus,
31. Jesus vor Herodes,
32. zweites verhör vor Pilatus,

sind metrisch in so unregelmässiger weise auf uns gekommen, dass es oft schwierig, ja ganz unmöglich ist, auch nur die in ihnen beabsichtigte strophenform zu erkennen. Dieser umstand legt — besonders wenn man den für Corpus-Christi-spiele so wichtigen inhalt dieser stücke erwägt — die vermutung nahe, dass wir in ihnen sehr alte und durch häufiges abschreiben verunstaltete stücke einer passionsgeschichte Christi, eventuell den ältesten kern der ganzen sammlung vor uns hätten. Doch eine eingehendere betrachtung lehrt gerade das gegenteil. Ihrem ganzen aufbau und charakter nach sind gerade diese verhältnissmässig verwickelten, langatmigen und schwülstigen stücke unzweifelhaft jüngeren datums als die übrige sammlung.[1] Sie sind anscheinend das werk eines späteren, metrisch nicht besonders geschickten überarbeiters, der die in der ursprünglichen sammlung ja sicher behandelten stoffe in sehr weitgehender weise umgestaltete und erweiterte, wodurch sie einen zwar wenig vorteilhaften, aber doch unstreitig jüngeren anstrich erhielten, als die übrigen teile von Y ihn zeigen.

Abgesehen von diesen unregelmässigen späteren spielen zeigt Y bei all dem wechsel der metra von spiel zu spiel — zum teil im gegensatz zu den übrigen sammlungen — fast durchgehends einheitliche metra innerhalb der einzelnen spiele. In diesen findet sich, von ganz unbedeutenden unregelmässigkeiten abgesehen, ein wirklicher wechsel der strophenform nur in 12, 13, 15 und 40.

---

[1] Genaueres s. später.

Alliteration ist in Y oft verwant, was sehr gut zu der entstehungszeit (mitte des 14. jahrhunderts) passt, der man Y aus sonstigen gründen zuweisen muss; denn gerade unter Eduard III. (1327—1377) erfolgte jene wideraufnahme, oder besser jenes widerhervortreten der alliteration in der altenglischen versbehandlung. Nicht selten findet sich auch (besonders in 40, doch auch in 36 und 46) ganze oder teilweise widerholung der letzten zeile einer strophe zu beginn der neuen, welcher schmuck sich in eben jener zeit auch in den liedern des Laurence Minot verwant findet.

2. T.

Wie in Y wechseln die metra mit den stücken. Es finden sich die verschiedensten formen, von kurzen reimpaaren bis zu äusserst künstlichen strophen von dreizehn zeilen (vgl. z. b. ababaabaabcbc in 13). Auffallend häufig erscheint auch in T eine bestimmte strophe nach dem schema ababababcdddc.[1] Durchgängig sind in dieser strophe abgefasst:

3. Processus Noe,
12. Prima Pastorum,
13. Secunda Pastorum,
16. Magnus Herodes (kindermord),
21. Coliphizatio (Jesus vor den hohenpriestern).

Ausserdem erscheint sie von anderen strophenformen unterbrochen in:

20. Conspiratio et Captio,
22. Flagellatio,
24. Processus Talentorum,
30. Juditium.

Doch lassen sich diese spiele nicht etwa als der älteste kern von T bezeichnen; denn gerade sie tragen ein besonders spätes, hauptsächlich komisches gepräge. Einheitlich in einer strophe abgefasst sind in T nur siebzehn spiele, die übrigen fünfzehn zeigen wechselnde maasse und tragen in den meisten dieser fälle kennzeichen späterer einschaltungen zur schau. Diese stücke finden sich ganz vorwiegend in der passions- und auferstehungsgeschichte; denn von den elf hierzu gehörigen spielen sind nur zwei in einheitlicher strophe geschrieben.

---

[1] In derselben strophenform ist 'The Anturs of Arthur at the Tarnewathelan' geschrieben, das ten Brink kurz vor 1350 ansetzt.

Alliteration findet sich im ganzen weit seltener als in Y[1] und nirgends durchgehend. Dass sie aber auch T keineswegs fremd ist, beweisen die anbetungsstrophen der hirten im 13. spiel und das 24. spiel, die allerdings gerade zu den jüngeren stücken gehören.

3. Co.

Auch hier sind die einzelnen spiele in von einander abweichenden metren geschrieben; doch sind der im ganzen verwanten metra noch weniger als in T. Es finden sich in Co mehrere gruppen von inhaltlich zusammengehörigen spielen, die in demselben metrum geschrieben sind und sich auch sonst eng an einander anschliessen, so 1—3, 5—11 u. a. m. Diese beobachtung überträgt sich auch auf die unregelmässigen stücke, die zahlreiche zufügungen und interpolationen zeigen; denn auch diese bilden wider einzelne gruppen. Folgende tabelle wird dies am übersichtlichsten veranschaulichen.[2]

Altes test. und vorgeschichte d. heil. familie	Geburt und kindheit	Leben	Passion und auferstehung	Nach der auferstehung bis zum j. gericht.
1—1	12—0	20—1	25—0	37—1
2—0	13—0	21—1	26—0	28—1
3—1	14—0	22—1	27—0	39—1
4—0	15—0	23—1	28—0	40—0
5—1	16—0	24—1	29—0	41—1
6—1	17—0		30—0	42—1
7—1	18—1		31—0	
8—1	19—0		32—0	
9—1			33—1	
10—0			34—0	
11—1			35—0	
			36—0	

Von 42 spielen sind also nur 19 in einheitlicher strophe geschrieben; alle übrigen zeigen in einzelnen zusätzen etc. andere metra. Gerade die wichtigsten teile der sammlung aber, geburt und kindheit (12—19) und passion und auferstehung (25—36) tragen den letzteren charakter und beweisen so, dass sie am frühesten entstanden und deshalb den meisten umarbeitungen und erweiterungen ausgesetzt gewesen sind.

---

[1] Die alliterierend geschriebenen stücke, welche Y entlehnt sind, können natürlich nicht in betracht kommen.
[2] Die, von kleinen unregelmässigkeiten abgesehen, in einer strophe verfassten stücke sind mit 1, die übrigen mit 0 bezeichnet.

Den weitaus grössten umfang nimmt in Co die strophenform ababbebe[1], in der folgende elf spiele einheitlich verfasst sind, ein:

5. Abraham und Isaak,
6. Moses und die zehn gebote,
7. propheten,
8. Anna und Joachim,
9. Maria im tempel,
11. Maria's verheiratung,
20. Christus im tempel,
23. ehebrecherin,
24. auferweckung des Lazarus,
37. Christus und Maria Magdalena,
38. jünger auf dem wege nach Emmaus,

und die in weiteren zwölf spielen (4, 10, 14, 15, 25, 26, 27, 28, 29, 30, 34, 36) mit anderen strophen vermischt vorkommt.

Ausserdem erscheint noch verhältnissmässig häufig die auch in T herrschende strophe ababababeddde, nämlich einheitlich in fünf stücken (1, 3, 21, 22, 42) und gemischt in weiteren sechs stücken (2, 4, 10, 12, 16, 19).

Alliteration findet sich nirgends regelmässig und im ganzen selten, doch siehe z. b. anbetung der hirten im 16. und die rede des Herodes im 17. spiel.

4. Ch.

Ganz auffällig abweichend von der metrischen fassung dieser vorhergehenden sammlungen ist Ch in einem durchgehend einheitlichen metrum, einer abart der schweifreimstrophe geschrieben, deren ursprünglich beabsichtigtes schema aaabaaab gelautet haben mag, auf welches auch trotz ihrer korrumpierung fast alle die früher angeführten französischen stellen hinweisen. Neben dieser form erscheint aber — und im ganzen weit häufiger — die form aaabcccb, und zwar zeigt sich in dem verhältniss der beiden strophen der auffällige umstand, dass im eingange fast aller spiele von Ch die erstere der beiden formen herrscht, um im verlaufe des stückes mit der zweiten sich zu mischen und ihr endlich ganz das feld zu räumen. Der gleiche vorgang widerholt sich in ähnlicher weise nach bedeutenderen absätzen, bezw. scenischen abschnitten innerhalb der spiele, die öfters durch die spielanmerkung 'Minstrelles playinge' gekennzeichnet sind, so besonders auffällig im 2. stück

---

[1] Ein weiteres e würde dieselbe zur Spencerstrophe machen.

zu anfang, dann s. 23 und endlich s. 35. Natürlich tritt diese
erscheinung nicht mit streng mathematischer regelmässigkeit
auf, doch lässt sie sich im ganzen mit sicherheit die ganze
sammlung hindurch verfolgen. Dazu kommt jedoch noch, dass
andererseits die form aaabaaab im verlauf des cyklus immer
grössere ausdehnung innerhalb der einzelnen spiele gewinnt,
so dass unter den letzten stücken von Ch sich einige (bes. 22
und 25) finden, in denen die zweite form aaabcccb nur noch
ganz gegen ende und auch da nicht herrschend erscheint.
Dieser vorgang macht es sehr wahrscheinlich, dass der verfasser
von Ch (und bei dem einheitlichen charakter dieser
sammlung können wir von einem solchen ziemlich sicher
reden) bemüht war, das ganze umfängliche werk in der form
aaabaaab abzufassen.[1] Dieselbe machte unter je acht zeilen
sechs gleichreimige nötig. Infolgedessen erlahmte im verlaufe
jedes einzelnen spiels seine versifikationsgeschicklichkeit, und
er verfiel allmählich in die zweite, leichtere strophenform, von
der er sich höchstens hie und da ganz zum schluss zu einigen
glänzenden normalstrophen erhob. Zu anfang jedes neuen
spieles nahm er einen neuen anlauf, die ursprüngliche strophe
durchzuführen, der in der gleichen weise endete. Im fortgange
des ganzen werkes jedoch gewöhnte er sich an das schwierige
metrum, so dass er es in den letzten stücken mit fast durchgehender
virtuosität beherrschte.

Kürzere abschnitte in anderen metren, die sich als anders
woher genommene oder später gemachte zusätze verraten,
finden sich auch in Ch. Doch sind ihrer weit weniger als
in Co und sicher nicht mehr als in Y. Wenn wir von zwei
überhaupt nicht in der üblichen strophe geschriebenen spielen
absehen (1 und 7), so finden sich andersmetrische zusätze
von einigem umfang nur noch in den stücken 8, 11, 13, 19.
Die offenbar späteren hinzufügungen in 8 und 13 sind in
Chaucerstrophen (ababbcc) verfasst, die wir sonst in keinem
der altenglischen kollektivmisterien antreffen, in der aber

---

[1] Es ist mir sehr wahrscheinlich, dass er dieses auch für altenglische
verhältnisse äusserst schwierige, dagegen für eine romanische sprache angemessenere
und erklärliche metrum anwaute, weil die eine und zwar
hauptsächlichste der ihm eventuell vorgelegenen französischen quellen in
demselben abgefasst war. Dieselbe müsste das kindheitsevangelium und
die leidensgeschichte enthalten haben und aus ihr würden die uns erhaltenen
französischen bruchstücke herrühren (s. oben s. 9).

ausser diesen zwei stellen in Ch noch der 1600 verfasste
prolog geschrieben ist, dessen verfasser darum wol mit jenem
identisch ist.

Alliteration zeigt Ch zwar öfters, aber nur in vereinzelten
kleineren particeen, so z. b. in Octavian's rede (I, 100) und in
den reden der drei Marien (II, 61).

Das verhältniss der vier altenglischen kollektivmisterien
in bezug auf die metrische behandlung stellt sich also folgendermassen:

Alle vier sammlungen sind fast ausnahmslos in sehr kunstvollen, ja
zum teil gekünstelten strophen geschrieben. Kurze reimpaare, in denen
doch z. b. der bei weitem grösste teil des Cursor Mundi verfasst ist, erscheinen nur ganz vereinzelt in T, sonst nirgend. Während aber Ch
durchgehends in einer einheitlichen strophe, einer abart der schweifreimstrophe verfasst ist, finden wir in den drei übrigen sammlungen die
strophenform mit den einzelspielen wechselnd, doch so, dass sich in jeder
derselben je ein metrum findet, welches alle übrigen an umfang der anwendung weit übertrifft. Dabei finden sich in allen vier sammlungen
innerhalb der einzelnen spiele verschiedene andersmetrische zufügungen
und einschaltungen, die denselben ursprünglich sicher fremd waren.
Solche spuren späterer überarbeitungen zeigt am meisten Co, dann T,
während Y und Ch einen weit einheitlicheren charakter aufweisen. Alliteration findet sich in beabsichtigter regelmässigkeit nur in Y und auch da
nur in vereinzelten spielen; den übrigen sammlungen ist sie ebenfalls
durchaus nicht fremd, doch wird sie nur bei wichtigeren gelegenheiten
in einzelnen reden verwant, um diesen besonderen prunk oder höhere
zierde zu verleihen.

Da, wie auch diese metrische untersuchung beweist, keines
unserer kollektivmisterien einen einheitlich-ursprünglichen charakter aufweist, bezw. ihrer entstehungs- und entwickelungsart
zufolge aufweisen kann, so fragt es sich, ob in den späteren
erweiterungen nur selbständig am orte vor sich gegangene umänderungen oder aber entlehnungen aus anderen, anderswo entstandenen kollektiv- oder einzelmisterien zu sehen sind, bezw.
in wie weit eventuell die vier uns erhaltenen sammlungen in
dieser hinsicht in einem direkten abhängigkeitsverhältniss unter
einander stehen. Ein solches verhältniss war bis zum bekannt-
werden von Y (vgl. Wright, Ch s. XIII)[1] durchaus nicht wahr-

---

[1] 'As far as we can judge by comparison of different pieces still ex-
tant on the same subject, we are led to believe that in general they were
composed independently, and that one was seldom an imitation of another.
They appear in most cases to have been written for local use, and not
to have been carried abroad from the neighbourhood in which they were
usually acted'.

scheinlich. Doch musste sich diese ansicht sofort beim erscheinen von Y ändern; denn bereits von der herausgeberin wurden fünf stücke (11. auszug aus Egypten, 20. Christus im tempel, 37. höllenfahrt Christi, 38. auferstehung Christi und 48. jüngstes gericht) namhaft gemacht, welche in der hauptsache in der fassung von Y und T so übereinstimmen, dass gegenseitige oder aus einer dritten, gemeinsamen quelle schöpfende entlehnung augenscheinlich war. Weitere übereinstimmungen gaben an: Hall[1] in seiner recension der ausgabe von Y (Engl. Stud. IX, 448 ff.) und Herttrich[2] in seinen Studien zu den York-Plays. Auch ich hatte — ehe mir letztere arbeit bekannt wurde — beide sammlungen einer nochmaligen vergleichung unterzogen und kann nur bestätigen, dass durch Herttrich's angaben alle übereinstimmungen von einigem umfang erschöpft sind. Nur einige ganz geringe gleichheiten, die Herttrich entgangen sind, seien hier noch aufgeführt:

Y.

XIII, 197 Thase games fra me are gane
92 Gramercy, Marie, saie what chere
292 The bettir sir, for yhou
158 Whose is the childe thou arte with-all
159 Youres sir, and the kyngis of blisse
103 Sir, Goddis and youres
189 But God and yhow, I knowe right none
106 With me flesshely was thou neuere fylid
30 And I ne wist what it ment
68 Thus thynke I to stele fra hir
XVII, 121 Kyng! in the denyl way, dogges, Fy!
125 Nay, I am kyng and non but I
159 For Balaham saide a starne shulde spring
160 Of Jacobe kynde, and that is Jewes
XXXVI, 114—17 Quod scripci, scripci,
Yone same wrotte I
I bide ther-by,
What gedlyng will grucche there agayne

T.

X, 75, 45 The gams fro me ar gone
76, 11 Why, bot woman, what chere with the
12 The better, sir, for you
16 Who owe this child thou gose with alle
17 Syr, ye, and God of heven

---

[1] Y XVII, str. 27 und XXXVIII, str. 6.
[2] Teile von Y XXXIV und einzelne zeilen in XVIII.

	25	Syr, Godes and yowrs, withouten drede
	34	For certanly bot God and ye
	35	I know none othere man;
	36	For fleshly was I never fylyd
77,	38	I wyst not what thay ment
79,	22	Bot stilly shalle from hir stele
XIV, 127,	4	Kyng! what the dewylle other then I!
	5	We, fy on dewylls! fy, fy!
124,	37	Certan Ballaam spekys of this thyng,
	38	That of Jacob a starne shalle spryng
XXIII, 229,	43	Quod scriptum scripsi,
230,	1	That same wrote I,
	2	What gadlyng gruches ther agane.

Eine auffällige ähnlichkeit zeigt sich ferner in der abschiedsrede, die Jesus vor der himmelfahrt an die seinen richtet[1]; da, wo er die wunder aufzählt, welche die gläubigen würden verrichten können, heisst es:

XLIII, 137 ff:
But all ther tokenyngis be-dene
Schall folowe tham that trowis it right,
In my name deuellis crewell and kene,
Schall thei oute-caste of ilk-a wight;
With newe tongis speke, serpentis vnclene
For-do; and if thei day or nyght
Drinke venym wik, with-outen wene,
To noye thame schall it haue no myght.
On seke folke schall thei handes lay,
And wele schall thei haue sone at welde;

XXIV, 297, 21 ff.:
Tokyns, for sothe, shalle bene
Of those that trowe, withoutten weyn,
Devyls shalle thay kest out cleyn;
And with new tonges speke;
Serpentes shalle thay put away,
And venym drynk bi nyght and day,
Shalle not noy theym as I say,
And where thay lay on handes
Of seke men far and nere
Thay shalbe hole withoutten dere.

So unbedeutend auch diese parallelen an sich sind, so sind sie bei dem sonstigen zusammenhange von Y und T doch sicher nicht zufällig, sondern weisen vielmehr in einigen anderen als den oben schon angeführten spielen auf ein engeres verhältniss zwischen diesen beiden fassungen, gegenüber Co und Ch, hin, welches im 2. teil dieser abhandlung untersucht werden soll.

Herttrich hat s. 6—20 seiner abhandlung die Y und T gemeinsamen spiele und stellen auf die ursprüngliche fassung hin untersucht, indem er dabei als kriterium benutzte: 1. ein-

---

[1] Auch Ch, da es sich ebenfalls wie Y und T eng an Luk. XVI, 17 und 18 anschliesst, zeigt mit diesen einige ähnlichkeit in dieser aufzählung (II, 116), doch bei weitem nicht so eng wie diese untereinander.

schaltuugen, auslassungen und veränderungen; 2. güte der lesarten; 3. richtigkeit der verse; 4. regelmässigkeit der alliteration. Alle diese kriterien, besonders aber die letzten drei — so unzweifelhaft richtige resultate sie bei einheitlich entstandenen werken ergeben müssen — können meiner ansicht nach dem bunten charakter beider sammlungen gegenüber, wie er durch entstehung, entwickelung und überlieferung derselben bedingt ist, nur in sehr beschränktem maasse angewant werden. Beide uns erhaltenen kollektiven waren sicher den manigfachen einflüssen von überarbeitern, vermehrern, abschreibern etc. ausgesetzt, wodurch alte fehler und mängel ausgeglichen, neue eingeführt, kurz die ursprünglichen fassungen in unberechenbarer weise verändert wurden. Infolgedessen wurden allmählich so viele widersinnige lesarten, mangelhafte alliterationen, fehlerhafte verse auch in den einzelnen sammlungen an sich teils erzeugt, teils aber gewiss auch verbessert, dass eben diese momente nicht mehr gut als kriterien benutzt werden können. Herttrich kommt denn, da er sich nur auf diese unzuverlässigen momente stützt, auch nur zu folgendem, nicht recht bestimmten resultat:

'dass Y und T[1] nicht direkt von einander abhängig, sondern vielmehr beide auf ein und dieselbe quelle zurückzuführen sind. Da die fassung Y eine grössere anzahl besserer lesarten bietet als T und von interpolationen durchaus frei zu sein scheint, so steht sie jedenfalls dem gemeinsamen originale näher als die andere fassung. Wir können demnach, da die verwantschaften von Y mit den übrigen stücken der York-kollektion durch sprache, alliteration und festhalten an der metrischen form gesichert ist, auch den schluss ziehen, dass jene gemeinschaftliche vorlage ebenfalls von anbeginn an zur sammlung der York Mysteries gehörte'.

Dass die uns erhaltenen fassungen nicht direkt von einander abgeleitet werden können, lehrt allerdings schon die art der übereinstimmung, welche im wörtlichen ausdruck viel zu zahlreiche, an sich völlig gleichgiltige abweichungen[2] von einander zeigt, als dass diese sich anders als im laufe getrennter überlieferung herausgebildet haben könnten. Andererseits aber spricht selbst die untersuchung Herttrich's entschieden für die weit ursprünglichere fassung in Y, da die gründe, welche gegen

---

[1] Y und T bedeuten bei Herttrich die respektiven fassungen der in beiden sammlungen übereinstimmenden teile.

[2] Es bezieht sich dies also nicht auf schlechtere oder bessere lesarten, sondern auf einfache verschiedenheiten des ausdrucks.

T sprechen, erdrückend zahlreicher und gewichtiger sind als die, welche sich gegen Y anführen lassen. Diese letzteren sind sämmtlich nur so beschaffen (betreffen nur versbau, lesarten und alliteration), dass sie sich aus dem blossen einfluss der überlieferung ohne zwang erklären. Denn welch' weitgehende wandlungen dieser art innerhalb ein und derselben sammlung infolge der blossen überlieferung möglich waren, lässt sich zufälliger und interessanter weise gerade an Y selbst erkennen, da die spiele 16 und 17 in Y in einem teile identisch sind, und von dem 42. stück uns noch eine einzelabschrift (wol das prompt-book der betreffenden zunft) erhalten ist.[1]

Ich hatte — ehe ich Herttrich's untersuchung kannte — ebenfalls beide sammlungen auf die ursprüngliche fassung hin untersucht (allerdings in rücksicht auf den zustand unserer überlieferungen nicht so streng und ausschliesslich philologisch wie Herttrich, sondern mehr in bezug auf die stellung, welche die in beiden sammlungen übereinstimmenden stücke gegenüber den anderen spielen ihrer eigenen sammlung einnehmen) und war dabei zu dem ergebniss gelangt, dass Y entschieden als original und vorlage für T anzunehmen sei, allerdings nicht direkt in der uns erhaltenen, sondern in einer früheren fassung, von der jedoch die erstere in keinen wesentlichen punkten abweiche. Dies scheint mir auch mit dem ergebniss der Herttrich'schen untersuchung sich sehr gut zu vertragen, wenn man dieses nur im lichte des ganzen entwickelungsganges der kollektivmisterien betrachtet. Jedenfalls sind aber dann die in Herttrich's zusammenfassung gewählten ausdrücke: dass beide sammlungen 'auf ein und dieselbe quelle zurückzuführen sind', und dass diese 'gemeinschaftliche vorlage von anbeginn an zur sammlung der York Mysteries' gehörte, unnötig geschraubt oder gar unzutreffend; denn jene vorlage waren dann eben die betreffenden York-spiele selber, nur in einer früheren fassung als der uns überlieferten, die man doch nicht gut als die 'vorlage' der letzteren bezeichnen kann.

Das resultat wäre also kurz so zu fassen:

Die in Y und T übereinstimmenden particen entlehnte T aus Y. Da jedoch diese entlehnung vor abfassung des uns überlieferten textes von Y stattfand, so benutzte T eine frühere redaktion, die jedoch von der uns bekannten nur sehr geringe abweichungen hatte.

Während aber Y — und dies entspricht seinem im allgemeinen stabileren charakter — die ursprüngliche fassung nur wenig änderte, sind in T die entlehnten fünf stücke zum teil durch recht beträchtliche spätere hinzufügungen und ände-

---

[1] Gedruckt von J. P. Collier, Camden Miscellany, vol. IV. Die hauptabweichungen — zum beweis unserer behauptung völlig ausreichend — gibt auch fräulein Toulmin Smith in fortlaufenden noten zum 42. stück in Y.

rungen im einzelnen umgestaltet worden (so hauptsächlich *Resurrectio Domini* und ganz besonders *Judicium*). Bei den für die herstellung eines kollektivmisteriums notwendigen stoffen von einigen der fünf fraglichen stücke ist mit ziemlicher sicherheit anzunehmen, dass dieselben gleich bei der ersten komposition von T aus Y herübergenommen worden sind. Denn dass anfänglich sicher vorhandene stücke, wie höllenfahrt, auferstehung und jüngstes gericht später durch anderswoher entlehnte vollständig hätten verdrängt werden können, ist durchaus nicht wahrscheinlich.

Diese ansicht wird noch wesentlich durch die übereinstimmungen gestützt, die sich in der ganzen komposition einzelner, sonst von einander verschiedener spiele von Y und T zeigen. Da auch diese betreffenden stücke zum weitaus grössten teile in beiden sammlungen von anfang an vorhanden gewesen sein müssen, so deuten sie ebenfalls darauf hin, dass schon bei ihrer entstehung die eine sammlung unter der beeinflussung der anderen gestanden habe, welche — da dies widerum in den fällen wirklicher entlehnung unzweifelhaft ist — auch in dieser hinsicht sicher von Y ausgegangen sein wird.[1] Die einzelnen kleineren stellen, welche T in sonst abweichenden spielen mit Y gemeinsam hat, können jedoch nicht gleich bei der ersten entstehung herübergenommen gedacht werden, sondern sind erst später den fertigen spielen in T hinzugefügt worden.

Vielleicht wäre es nun aber schwierig, wenn überhaupt möglich — diese literarhistorische theorie in die wirklichkeit der altenglischen verhältnisse übertragend — sich diese von anfang anhebende und später sich fortsetzende beeinflussung von T durch Y glaubhaft zu machen, obgleich andererseits, wenn es glückte, dies auch den indirekten beweis einer probe für die richtigkeit eines rechenexempels abgeben würde. Und es ist allerdings möglich, dank einem glücklichen zufall. Robert Davies in 'seinen Extracts from the Municipal Records of York, 1843, teilt s. 237 folgende, zu dem jahre 1446 gesetzte notiz mit:

Item Ministrallis in festo Corporis Cristi, XX s.
Iudentibus in festo nativitatis domini, VIII d.
Iudentibus in festo circumsisionis, XII d.
III Iudentibus de Donyngton, XII d.
I Iudenti de Wakefeld, VI d.

---
[1] Hiernach wäre, was auch sonst sehr wahrscheinlich ist, T jünger als Y.

So wie aber spieler aus Wakefield, von dessen gilden z. t. und in dessen nächster nähe die Towneley-spiele aufgeführt wurden, im jahre 1446 an den aufführungen in York teilnahmen, so kann und wird dies auch früher der fall gewesen sein.[1] Darnach aber ist es unter berücksichtigung der eben untersuchten beziehungen von Y zu T sehr wahrscheinlich, dass durch vermittelung von einwohnern Wakefield's, bezw. benachbarter orte, die sich an den aufführungen in York beteiligten, die letzteren die erste anregung und das vorbild für die entstehung des Towneley-kollektivums abgegeben haben und dass späterhin in derselben weise weitere einflüsse auf einzelne spiele in T ausgeübt wurden. So können wir uns sogar erklären, wie in das 14. spiel in T (Oblacio Magorum), welches ganz einheitlich in sechszeiligen strophen ohne jede sonstige entlehnung aus Y abgefasst ist, auf s. 133 die zwölfzeilige 27. strophe des 17. spiels von Y hineingeraten ist. Dieselbe umfasst gerade die warnungsrede des engels an die schlafenden drei könige und ist das einzige, was derselbe im ganzen spiele zu sagen hat. Es wird sich der wakefielder vertreter dieser rolle an den aufführungen in York beteiligt und die ihm mehr zusagende fassung seiner rede von dort mitgebracht und für die ursprünglichen worte seiner rolle eingesetzt haben.

Doch so viel über die direkten entlehnungen von T aus Y. Einige weitere beziehungen zwischen beiden sammlungen sollen später untersucht werden.

Durch dieses auffällige gegenseitige verhältniss von T und Y veranlasst, zog ich auch die übrigen zwei sammlungen in den kreis der untersuchung nach direkten entlehnungen. Dem oben dargestellten charakter der sammlungen zufolge schien Co, welches so deutliche spuren zahlreicher späterer einschiebungen und zufügungen an sich trägt, die meiste aussicht auf beziehungen zu den anderen sammlungen zu gewähren. Doch ganz im gegenteil! Co enthält keine einzige entlehnung aus den übrigen drei uns erhaltenen kollektivmisterien, sondern steht diesen gegenüber gänzlich selbständig da. Da die zahlreichen interpo-

---

[1] Leicht können dann auch aus anderen orten in der umgegend von Wakefield, deren gilden sich nach Ebert (vgl. oben s. 11) auch an den darstellungen von T beteiligten, bürger bei den aufführungen in York mitgewirkt haben.

lationen und erweiterungen jedoch sicher sind, so sind sie entweder von späteren überarbeitern selbständig eingefügt oder anderen uns nicht erhaltenen misterien entnommen, deren gebiet vielleicht Coventry räumlich näher lag als das der drei anderen kollektivmisterien.

Durchaus nicht erfolglos jedoch waren nachforschungen betreffs Ch, so wenig ich auch gerade hier auf erfolg gerechnet hatte. Es ist mir gelungen, folgende direkte beziehungen zwischen Ch, Y und T festzustellen.

1. Das 11. spiel in Ch (*The Purification* vom herausgeber genannt) behandelt in seinem ersten teile den durch diese überschrift bezeichneten stoff in der üblichen achtzeiligen strophe (s. 189—196, 6). Von 196, 6—200, 16 jedoch folgen 120 zeilen in gänzlich abweichendem metrum, welche den in Ch sonst nicht vorhandenen stoff 'Christus im tempel' behandeln, also inhaltlich wie formell von dem vorangehenden gänzlich abweichen. Der ursprüngliche titel des stückes in der sammlung selbst lautet nur:

The Blackesmythes Playe.

Pagina undecima de purificatione beate Virginis.

und nach beendigung der zweiten scene 'Christus im tempel' (200, 16) beschliesst das stück wider folgende regelrechte achtzeilige strophe:

> Nowe have you harde all in this place,
> That Christe is comon through his grace,
> As hollye Esau prophescied hase,
> And Semion hath hym sende;,
> Leve you well this lordes of mighte,
> And kepe you all his lawes arighte,
> That you maye in his blisse so brighte
> Ever more with hym live.

Dieselbe schloss ursprünglich zweifellos an s. 196, 6 an und beendete dort schon das spiel, welches also nur von der darbringung Christi im tempel handelte, wo Simeon und Anna vidua das kind anbeteten. Die zweite scene ist aber ganz augenscheinlich eine spätere hinzufügung. Dieselbe stimmt im allgemeinen mit der entsprechenden darstellung des 20. spiels in Y, welches wider in der hauptsache mit dem 18. mister in T identisch ist überein. Des leichteren vergleichs halber seien hier alle drei fassungen in den ihnen gemeinschaftlichen teilen nebeneinander gestellt.

Y (s. 156 ff.) | T (s. 159 ff.) | Ch (l. s. 196 ff.)

156, 1—12:

Marie, of mirthis we may vs mene,
And trewly telle be-twixte vs twoo
Of solempne sightis that we haue sene
In that cite were we come froo.
Sertis, Joseph, ye will nogt wene
What myrthis with in my harte I maie,
Sen that oure sone with vs has bene,
And sene ther solempne sightis alswae.
Hamward I rede we hye
In all the myght we maye,
Because of company
That will wende in oure waye.

T: Parallele fehlt hier, da das 19. spiel in T bruchstück ist und mitten in einem gespräch der schriftgelehrten im tempel anhebt, während ihm die voraufgehende scene zwischen Joseph und Maria, die auf dem heimwege plötzlich den jungen Jesus vermissen, fehlt.

196:

Marrye, of myrthes we maie us menne,
And trewlye tell betwene us towe
Of fearlye sightes that we have scene,
Seith we came the cittie froe.
Dere Josephe, will you wende?,
Seith oure childe hath bene us with,
Whom-warde I rede we hie,
He kepe us bouth from growne and greiffe,
In all the mighte that ever I maie.
For dreade of wicked companye.
Leaste anye us meete upon the waie:
Whom-warde theirfore I rede we hie.

159, 89—92:

Nowe herkon yone barne with his brandyng,
He wenes he kens more than we knawes!
We! nay, certis sone, thou arte oucre yinge
By clergy yitt to knowe oure lawes.

159:

Hark, yonder barn with his bowrdyng
He wenys he kens more then he knawys,
Nay, certes, son, thou art oure ying
By clergy yitt to know oure lawes.

197:

Heare this childe in his bourdinge.
He wenes he kennes more then he knowes:
Certes, sonne, thou arte over yonge
By clergye cleaine to knowe our lawes:

160, 101—103:

The holy gost has on me light,
And has anoynted me as a leche,
And geven me pleyne poure and might
The kyngdom of heuene for to preche.

160:

The Holy Gost has on me lyght,
And anoynt me lyke a leche,
And gyffen to me powere and myght
The kyngdom of heven to preche.

The kingdome of heaven is in me lighte.
And hath me anoynted like a leche,
And geven me plaine power and mighte
The kingdome of heaven to tell and teache.

162, 133—136:

Als wyde in worlde als we haue wente,
Itt fand we neuere swilke ferly fare,
For certis I trowe this barne be sente
Full soueranndly to salue oure sare.

162, 145—148:

I rede this is the firste bidding
That Moyses taught vs here vntill,
To honnoure god outere all thing,
With all thy witte and all thi will;

165, 193—200:

Be-halde howe he alleggis oure lawe,
And lered neuere on boke to rede.

Full subtill sawes, me thinketh, he saies,
And also trewe, yf we take hede.
Ya! late hym wende fourth on his wayes;
For and he dwelle, withoutten drede
The pepull schall full sone hym prayse
Wele more than vs for all oure dede.

167, 219—224:

A! sir, I see that we haue sought!
In worlde was neuere so semely a sight.

In warld as wyde as we haue went
Fand we never sich ferly fare;

Certes, I trow the barn be sent
Sufferauly to salfe our sare.

161:

I rede that this is the fyrst bydyng
That Moyses told us here untyle;
Honoure thi God over ilka thyng,
With alle thi hart in hym shalle hyng,

162:

Behald how he lege oure lawes,
And leryd never on booke to rede;

Fulle sotelle sawes me thynk he says
And also true, if we take hede.
Yei, lett hym furthe on his wayes,
For if he dwelle withoutten drede
The pepylle wille ful soyn hym prayse
Welle more then us for alle oure dede.

163:

A, certes, I se that we have soght,
In warld was never so semely a sight;

195:

. . . I rede we spare,
And welde in worlde as I have mente.
Yet founde I never so vereye a fare.
. . . .
Out of heaven I hope hym sente
Into the yeairth to salve our sore.

196:

I reade this is the firste byddinge,
And is the moste in Moyses lawe,
To love our God above all thinge,
With all our mighte and all our lawe.

197:

Behoulde howe he hase learned our lawes,
And he learned never on boke to reade.

198:

Me thinkes he saies suttill sawes,
And vereye truth, yf you take heede.
Let hym wende fourth on his wayes,
For and he dwell, withouten dreade,
The people will sone hym praise,
Well more then us for all our deedes.

199:

Nowe blessed be he that us heither broughte,
In lande lives non so lighte,

Lo! where he sittis, ye se hym noght?	Lo, where he syttes, se ye hym noght	Se wher he sittes which we have soughte,
Emong yone maistiris mekill of myght.	Amanges yond masters mekylle of myght?	Amonge yonder masters nickell of nighte.
Now blist be he vs hedir broght,	Blyssyd be he us heder broght!	
For in lande was neuere non so light.	In land now lyfes there none so light.	

167, 229—168, 232:
                              200:

With men of myght can I not mell,	With men of myght can I not melle,	Marye, wife, thou wotteste righte well,
Than all my trauayle mon I tyne,	Then alle my travelle mon I tyne,	That I muste all my travile teene,
I can nogt with thom, this wate thou wele,	I can not with thaym, that wote ye welle,	With men of mighte I can not melle.
They are so gay in furres fyne.	Thay are so gay in furrys fyne.	That sitteth so gaye in furres fyne.

169, 258—261:
164:

Ofte tymes it hase ben tolde you till.	Oft tymes it has bene tald ye tylle	Mother, full ofte I toulde you till.
My fadir werkis, for wele or woo,	My fader warkys, for wele or wo.	My fathers worckes for waile or wo
Thus am I sente for to fulfyll.	Thus am I sent for to fulfylle.	Heither was I sente for to fulfill. . . .
There sawes, als haue I cele,	Thise sawes, as have I ceylle,	Thy sayinge, sonne, as have I heale,
Can I nogt vndirstande	I can welle understande,	I can nothinge understande.
schall thynke on tham wele,	I shalle thynk on them weylle	I shall thinke on them full well.
To fionde what is folowand.	To fownd what is folowand.	And founde to doe that you commaunde.

Dass die fassung dieser scene in Ch nicht zu dem ursprünglichen spiel gehört haben kann, ist schon nachgewiesen. Dass sie nicht selbständig hinzugefügt sein kann, ergibt sich auch an sich schon mit völliger gewissheit; denn sie befindet sich inhaltlich wie formell in einer solchen verwirrung und verderbniss, wie wir sie uns nur bei sehr ungeschickter oder irgendwie erschwerter herübernahme aus einer anderen fassung erklären können. Die mit Y bezw. T übereinstimmenden stellen, meist zu gruppen von vier zeilen, sind in ihrer reihenfolge stark verwirrt; so steht z. b. die strophe:

Behoulde howe he hase learned our lawes u. s. w.,

welche das erstaunen der schriftgelehrten über Christi recitation der gebote Gottes ausdrücken soll, bereits s. 197, wo sie noch gar keinen sinn gibt. Einige zeilen kommen zweimal vor: s. 196, z. 21 und z. 26, ferner s. 196, z. 28 und s. 197, z. 1. Was s. 196 in Ch als rede Maria's bezeichnet ist, umschliesst zugleich vier zeilen, welche augenscheinlich von Joseph gesprochen wurden:

Marrye, of myrthes we maye us meane u. s. w.

Es ist also ganz sicher, dass wir in Ch an der betreffenden stelle eine nachbildung haben. Ob eine der beiden sammlungen Y und T die vorlage für dieselbe abgegeben hat, bezw. welche von beiden, lässt sich mit gewissheit nicht bestimmen; dafür ist der umfang der ganzen übereinstimmung zu gering und der zustand des stückes in Ch zu korrumpiert. In den uns überlieferten fassungen kann weder Y noch T quelle für Ch gewesen sein, denn Ch schliesst in einigen fällen sich im ausdruck an die ursprüngliche fassung von Y an, während es in anderen — und zahlreicheren — fällen der veränderten form von T folgt.[1] Es würde sich also als vorlage eine zwischen

---

[1] Belege für den ersten fall:

Ch: And geven me *plaine* power and mighte
Y: And geven me *pleyne* poure and might
Ch: I can *nothinge* understande
Y: Can I *nogt* understande

T: And gyffen to me powere and myght
T: I can *welle* understande

Belege für den zweiten fall:

Ch: Heare this childe in his *bourdinge*,
He weenes he kennes more then *he* knowes
T: Hark, yonder barn with his *bowrdyng*
He wenys he kens more then *he* knawys
Ch: In lande *lives* non so lighte.
T: In land now *lyfis* there none so light.

Y: Nowe herken yone barne with his *brandyng*,
He wenes he kens more than *we* knawes.

Y: For in lande *was* neuere non so light.

den uns erhaltenen fassungen von Y und T stehende redaktion ergeben, welche einerseits noch übereinstimmungen mit Y besass, die das jetzige T nicht mehr besitzt, andererseits abweichungen von Y enthielt, die T eigentümlich sind. Diesen anforderungen aber würde vollkommen eine frühere fassung von T entsprechen, welche dem original Y noch näher stand und doch schon eigenartige abweichungen von demselben besass. Dagegen spricht durchaus nicht, dass im anfang Ch übereinstimmung mit Y zeigt, während die betreffende stelle in T ganz fehlt; denn die uns erhaltene fassung von T ist bruchstück, dem der anfang fehlt, und die frühere redaktion hat sicher diesen und dann wol auch die betreffende stelle (gespräch zwischen Maria und Joseph) besessen.

Für T als vorlage sprechen indirekt auch noch die folgenden fälle von übereinstimmungen zwischen Ch und T an stellen, wo sich Y ganz abweichend verhält, und eventuell auch die geographische lage der drei orte, da Wakefield gerade zwischen York und Chester liegt, von letzterem ungefähr doppelt so weit entfernt als von York.

2. Das 19. spiel in Ch (*Resurrection*) zeigt an einer stelle starke anklänge an das 26. spiel von T, welches in der hauptsache wider mit dem 38. misterium in Y identisch ist. Es ist fast durchgehends in der üblichen strophe geschrieben; nur auf s. 84 finden sich vier alliterierende zeilen, abab gereimt, und auf s. 89—90 stehen vier strophen von je acht zeilen, ababbabab gereimt. Diese letzteren 32 zeilen enthalten eine rede, die der auferstehende Christus hält. Während nun im entsprechenden Y-spiel Christus überhaupt gar nichts spricht (es findet sich nur die spielanweisung: *Tunc Jesu resurgente*), so hält er im T-misterium eine rede von 126 zeilen, welche — obwol sie in demselben metrum wie das ganze übrige stück abgefasst ist — T wol selbständig dem sonst aus Y entlehnten spiel hinzufügte. Diese beiden reden, zu denen Y also nichts analoges besitzt, zeigen in Ch und T auffallende übereinstimmung.

T, s. 259:
Erthly man that I have wroght
Wightly wake, and slepe thou noght,
With bytter baylle I have the boght,
    To make the fre;

Ch, s. 89:
Eirthlye man that I have wroughte,
Awake out of thy slepe;
Eirthlye man that I have bought,
Of me thou have no kepe.

Into this dongeon depe I soght
And alle for luf of the.

s. 261:
For I am veray prince of peasse,
And synnes seyr I may releasse,
And who so wille of synnes scasse
And mercy cry,
I grauntt theym here a measse
In brede myn awne body.

From heaven mans soule I soughte,
Into a dongion depe,
My dere lemon from thense I broughte,
For ruthe of her I weepe.
I am vereye prince of peace,
And kinge of free mereye;
Who will of synnes have release,
On me the call and crye.
And yf the will of synnes cease,
I graunte them peace trewlye,
And therto a full rich messye,
In brede my owne bodye.

In den in Ch noch folgenden 16 zeilen finden sich dann ebenfalls noch einige — allerdings ganz geringe — anklänge an die letzte strophe der rede in T (s. 261), deren inhalt von jenen in zum teil ähnlichen wendungen widergegeben ist. Zur feststellung des verhältnisses der beiden sammlungen in bezug auf diese stelle bieten sich keine anhaltspunkte. Jedenfalls ist dieselbe in Ch eine spätere hinzufügung zu dem einheitlich in der üblichen strophe verfassten spiel und kann ebenso sicher nicht direkt aus T herübergenommen sein.

3. Im 15. Ch-spiel (*Christ Betrayed*) sagt Petrus s. 31, indem er Malchus das ohr abschlägt:

Goe nowe to Cayphas,
And byde hym doe thee righte.

Und im 20. T-mister[1] begleitet er s. 188 die tat mit den gleichen worten:

Go pleyn the to Sir Cayphas,
And byd hym do the right.

In beiden spielen sind die zeilen in die daselbst verwendeten strophen (in Ch die übliche, in T: abab) als notwendige bestandteile verwebt. Doch ist die stelle zu gering, um irgend welchen schluss auf das verhältniss beider sammlungen zu gestatten.

Es bleiben also hierfür nur die beiden ersten fälle (im 11. und 19. Ch-spiel) zur verfügung. An beiden stellen ist die vor-

---

[1] Beide stücke zeigen auch sonst im ganzen bau und in einzelnen reden grosse ähnlichkeit (ohne irgend welche wörtliche übereinstimmung), die sich aus dem auffallend engen anschluss beider spiele an die Vulgata erklärt. Um so verwunderlicher aber ist die hier mitgeteilte, doch sicher nicht zufällige übereinstimmung, da diese worte des Petrus der Vulgata völlig fremd sind.

handene übereinstimmung nur eine teilweise: im ersten falle sind von den 120 zeilen der betreffenden scene in Ch nur 51 aus T entlehnt, während zwischen dieselben 69 zeilen eingestreut sind, welche Ch selbständig hat. Aehnlich sind auch im zweiten falle die einzelnen übereinstimmenden zeilen und wendungen durch abweichende zwischenfügungen getrennt. Dem sonderbaren charakter dieser übereinstimmungen gegenüber lässt sich an eine, wenn auch indirekte, schriftliche entlehnung von Ch aus T nicht denken, selbst dann nicht, wenn man dieselbe als noch so ungeschickt und durch weitere überlieferung korrumpiert annimmt. Meiner ansicht nach ist hier nur eine nachbildung nach gehör möglich, d. h. nach der erinnerung, welche einwohner Chesters, die den aufführungen von T eventuell zu widerholten malen beigewohnt oder an ihnen teilnahmen, mit in ihre heimat zurückbrachten. Diese — aber auch nur diese — annahme kann meiner meinung nach die ganz ungenaue und verwirrte art der übereinstimmungen[1] hinreichend erklären.

So gering gegenüber dem verhältniss von T und Y die hier konstatierten beziehungen von Ch zu T auch sein mögen, so beweisen sie doch jedenfalls unzweifelhaft, dass eine beeinflussung der einen sammlung durch die andere stattgefunden hat. Während es sich aber aus dem verhältniss der Y- zu der T-sammlung ziemlich sicher ergab, dass jene sofort bei der ersten komposition des T-cyklus als vorlage für einige spiele desselben benutzt wurde, so ergibt sich für Ch nur das gegenteil. Denn in beiden spielen, in denen Ch beeinflussung durch T aufweist, geben sich die betreffenden stellen als unzweifelhaft spätere hinzufügungen zu erkennen, während sich in den ursprünglichen teilen von Ch nichts findet[2], was auf irgend einen zusammenhang mit einer der drei übrigen sammlungen hindeutete.

Die ursprüngliche fassung der uns vorliegenden Ch-sammlung zeigt also volle selbständigkeit im verhältniss zu den

---

[1] Es ist gar nicht möglich, dieselbe mit der, wie wir sahen, auch schon recht ungenauen art der übereinstimmungen von Y und T zu vergleichen oder gar zu identifizieren. Nur die kurze übereinstimmung T, s. 297 und Y, s. 460 (vgl. oben s. 39) ist ganz ähnlicher natur und wird demnach auf dieselbe weise entstanden sein.

[2] Die s. 50 angeführten zwei zeilen im 15. Ch- und 20. T-spiel können als ganz vereinzelter fall gar nicht berücksichtigt werden.

übrigen kollektiven; erst in ihrer weiterentwickelung erfährt sie in einigen zusätzen beeinflussung vom T-cyklus her.

Das verhältniss zwischen Y und T beweist also, dass die altenglischen kollektivmisterien — wenn auch wol meist — so doch nicht stets, selbständig von anderen bereits vorhandenen sammlungen entstanden sind, sondern sich an dieselben schon bei ihrer ersten komposition zum teil angelehnt haben. Das verhältniss zwischen Y und T, wie das zwischen T und Ch beweist, dass in dem allmählichen umgestaltungs- und vermehrungsprozess, den die entwickelung der altenglischen kollektivmisterien zeigt, einfügungen von einzelnen scenen und reden aus anderen sammlungen in die schon bestehenden stücke durchaus nichts ungewöhnliches waren. Nebenher gingen natürlich überall auch zahlreiche, selbständige änderungen, vermehrungen, kürzungen etc.

Wenn wir also die vier uns erhaltenen sammlungen auf ihr gegenseitiges verhältniss in bezug auf direkte entlehnungen hin betrachten, so ergibt sich folgendes resultat:

1. Herübernahme ganzer einzelspiele, die höchst wahrscheinlich zum teil schon bei der ersten komposition der abhängigen sammlung stattfand, zeigt nur T aus Y.

2. Herübernahme einzelner teile einer anderen sammlung und einfügung derselben in die bereits fertigen spiele[1] zeigt widerum T aus Y und Ch aus T.

3. Ganz frei von entlehnungen irgend welcher art aus einer der anderen sammlungen sind Y und Co.

Dieses letztere resultat muss sehr überraschen, wenn man den so wenig einheitlichen charakter von Co bedenkt, welches an sicher späteren umänderungen jeder art alle übrigen sammlungen übertrifft. Entsprechend den verhältnissen aber, welche zwischen diesen herrschen, kann es kaum zweifelhaft sein, dass viele der interpolationen in Co eben auf entlehnungen aus anderen cyklen, welche uns nur nicht erhalten sind, zurückzuführen sein werden. Dass zu den uns erhaltenen kollektiven gar keine beziehungen bestehen, erklärt sich einigermassen aus der geographischen lage Coventrys, welches von der linie Chester-Wakefield-York recht weit nach südosten entfernt ist; denn jene beziehungen unter den drei übrigen sammlungen

---

[1] Die aus T entnommene zweite scene des 11. Ch-spiels bildet allerdings in T ein selbständiges spiel.

scheinen meist durch besuch der aufführungen des anderen
ortes oder teilnahme an denselben angeregt bezw. (wie zwischen
T und Ch) durch sie allein hergestellt worden zu sein.

Von den vier kollektivmisterien ist in der uns erhaltenen
fassung Y das älteste, dessen original nach der herausgeberin
kurz vor 1350 entstanden ist. Demnach stammen diese altenglischen misteriencyklen, wie wir sie kennen, sämmtlich aus
einer zeit, in der die aufführung von misterien sich in ort und
art bereits ihrer heimat und ihrem ursprung, der kirche und
dem gottesdienst, entfremdet hatte. Auch was wir ausser
diesen vier grossen sammlungen sonst noch an altenglischen
misterienspielen besitzen, deren ältestes das wahrscheinlich
unter Edward II. (1307—1327) entstandene spiel 'The Harrowing of Hell'[1] ist, gehört ebenfalls erst dieser entwickelungsstufe an. Trotzdem lassen sich aber in unseren kollektivmisterien noch verschiedene elemente nachweisen, welche auf
ursprünglich kirchliche verhältnisse, also auf entwickelung aus
liturgischen dramen hindeuten, die einst einen teil der gottesdienstlichen handlung selbst bildeten. Dass deshalb nicht etwa
der ursprüngliche aufführungsort der kollektivmisterien an sich
in der kirche zu suchen sei, bedarf keiner bekräftigung. Wol
aber lässt obiger umstand mit sicherheit darauf schliessen, dass
bei der anfänglichen komposition dieser cyklen teilweise ältere,
entweder noch weit mehr oder gänzlich kirchlich-liturgische
spiele benutzt wurden.[2]

Diese elemente, welche die brücke zwischen den fertig
entwickelten kollektivmisterien und dem älteren gottesdienstlichen drama herstellen, sind verschiedener natur.

Vor allem sind hier kirchliche gesänge anzuführen, welche
sich an verschiedenen stellen in allen vier sammlungen eingestreut vorfinden. Dieselben wurden überall, wo uns spielanweisungen genaueres über ihren inhalt angeben, in lateinischer sprache gesungen, wie bei der betreffenden gelegenheit
beim gottesdienst selbst. Hiernach lässt sich mit bestimmtheit
annehmen, dass auch in den übrigen fällen, wo sich nur angaben wie '*tunc cantabit angelus*' und ähnliche finden, der

---

[1] Am leichtesten zugänglich in der ausgabe von Mall, Breslau 1871.
[2] Zu gleichem schluss gelangten wir aus anderem grunde schon oben
(vgl. s. 37 f.).

gesang auch noch in lateinischer sprache stattgefunden haben wird. Nur ein fall ist mir aufgestossen, wo es fraglich erscheint, ob der betreffende kirchliche gesang nicht bereits englisch ausgeführt wurde, nämlich im 21. Ch-spiel (II, 117), wo sich die angabe findet:

in ascendo cantet, God almighti above.

Da jedoch sofort danach steht:

Jesus: Ascendo ad patrem meum etc.,

und ein langer lateinischer wechselgesang folgt[1], so wird 'God almighti above' wol als eine später hinzugefügte spielangabe aufzufassen sein, welche darauf hinweist, dass der Christum empfangende Gottvater in der höhe sichtbar sein soll.

Kirchliche, wol stets lateinisch ausgeführte gesänge finden sich in Y an 21 stellen (s. 2, 3, 98, 101, 120, 121, 171, 218, 394, 395, 406, 468, 479, 483, 484, 487, 493, 505, 513), in T an 9 stellen[2] (s. 91, 115, 119, 157, 245, 253, 259, 282), in Ch an 13 stellen (I, s. 11, 96, 116, 132, 194; II, s. 9, 81, 89, 117, 127, 131, 171, 194), in Co an 22 stellen (s. 20, 46, 48, 73, 75, 87, 88, 93, 99, 100, 116, 130, 158, 176, 211, 256, 378, 394, 395, 397). T hat demnach den kirchlich-liturgischen charakter in dieser beziehung am wenigsten bewahrt, Co dagegen — besonders bei berücksichtigung des geringen umfangs dieser sammlung Y gegenüber — bei weitem am meisten.

Erwähnung von anderen, nicht kirchlichen gesängen, die dann anscheinend stets in englischer sprache ausgeführt wurden, finden sich auch hie und da, doch im ganzen recht selten, so besonders Ch I, 53 'The Good Gossippes Songe', eine sicher später hinzugefügte strophe von 12 zeilen, in denen die gevatterinnen der bitten und mahnungen spotten, die der ängstliche Noah an sein weib richtet.

Von den angeführten lateinischen gesängen abgesehen, welche sich meist wenigstens mit ihren eingangsworten angegeben finden, enthalten die vier sammlungen auch sonstige lateinische stellen, die meist der Vulgata entlehnt sind. Dieselben erscheinen teils ganz in die englischen strophen ver-

---

[1] Vgl. unten s. 56.
[2] Obgleich also T die wenigsten fälle aufzuweisen hat, so ist doch die angabe Ulrici's (s. 27) zu gering: 'Ebenso ist (in T) das musikalische element so gut wie ganz verschwunden; nur in dem ebenfalls ernster gehaltenen Thomas Indiae heisst es einigemal: Tunc venit Jesus et cantat: Pax vobis etc., und in der Ascensio Domini (s. 300) kommt ein gesang der engel vor'.

woben, teils vollständig ausserhalb derselben stehend. Soweit es jedoch nur einzelne in den englischen text eingeschaltete worte sind, sollen sie in folgender aufzählung nicht berücksichtigt werden.

Selbständige, wenn auch noch so geringe, lateinische citate finden sich dagegen in Y in 31 fällen (s. 1, 8, 38, 51, 78, 94, 95, 96, 97, 186, 199, 236, 301, 362, 379, 382, 393, 465, 466, 469, 470, 471, 475), in T in 23 fällen (s. 1, 26, 49, 51, 52, 54, 82, 93, 145, 160, 169, 193, 195, 229, 233, 234, 246, 248, 253, 311, 312, 313, 315), in Co in 56 fällen (s. 1, 43, 59, 60, 61, 62, 63, 64, 65, 73, 81, 82, 83, 84, 85, 86, 100, 101, 111, 112, 126, 127, 156, 176, 189, 190, 198, 200, 213, 330, 346, 393, 394, 395, 398, 401, 402), in Ch in 58 fällen (I, s. 1, 81, 92, 96, 156, 157, 158, 159, 188, 212, 213, 226; II, s. 72, 73, 76, 78, 104, 113, 116, 117, 123, 126, 127, 134, 135, 136, 139, 140, 143, 144, 150, 151, 152, 154, 158, 171, 178, 195, 196, 197).

Schon diese aufzählung beweist, dass Co und Ch weit mehr lateinische citate enthalten als Y oder T. Allein weit wertvoller wird dieses resultat noch, wenn wir dieselben auf ihren umfang und ihre bedeutung hin einer prüfung unterziehen. In Y sind es durchgehends kurze stellen, meist nur von einigen worten, die sehr häufig (in 15 von den oben aufgeführten 31 fällen) in den englischen text verflochten sind. Ebenso ist es fast überall in T der fall. Eine einzige auffallende ausnahme findet sich nur zu anfang des 24. spiels (s. 233 und 234). Da erscheint allerdings eine volle strophe von 13 zeilen in Latein, während die folgenden vier strophen gemischt halb englisch, halb lateinisch verfasst sind. Doch bildet das ganze den anfang einer äusserst weltlich gehaltenen rede des Pilatus, die sich schon durch ihren ganzen, schwülstigen und bramarbasierenden ton als später aufgetragener effekt verdächtig macht. Sicher kann hierin nicht der rest eines alten kirchlichen misteriums gesehen werden.[1]

Ganz anders aber liegen die verhältnisse in Ch und Co. Die meisten der dort vorkommenden lateinischen stellen sind zwar auch kürzere citate, doch finden sich darunter auch einige lateinische particeen von anderer bedeutung.

1. Das 24. Ch-spiel wird (II, 150) durch folgende acht gereimten lateinischen zeilen eröffnet:[2]

---

[1] Dies kann zur genüge schon der anfang dieser stelle beweisen:
Cernite qui statis quod mirae sim probitatis,
Haec cognoscatis vos caedam ni taceatis etc.
[2] Ich habe in all den folgenden lateinischen stellen genau den druck der ausgabe widergegeben.

Antechristie:
De celso throno poli, pollens clarior sole,
Age vos monstrare, descendi vos judicare;
Reges et principes sunt subditi sub me viventes;
Sitis sapientes vos, semper in me credentes,
Et faciam flentes gaudere atque dolentes;
Sic omnes gentes gaudebunt in me sperantes.
Descendi presens rex pius et perlustrator,
Princeps eternus vocor, Christus, vester salvator.

Diese zeilen, in denen sich der antichrist für den zu gericht kommenden Christus ausgibt, scheinen ihrem ernst-religiösen, fast weihevollen tone nach wirklich alten ursprungs, eventuell einem lateinisch geschriebenem misterienspiel (vielleicht über das jüngste gericht, in dem jene worte die des wahren Christus gewesen wären) entlehnt zu sein.

2. Sehr bemerkenswert ist im 13. Co-spiel (s. 126 u. 127) die scene, wo Maria zu Elisabeth kommt. Nachdem beide einige englische strophen mit einander gewechselt haben, führt Maria fort:

Maria: ffor this holy psalme I begynne here this day,
Magnificat anima mea Dominum,
Et exultavit spiritus meus in Deo salutari meo.
Elisabeth: Be the Holy Gost with joye Goddys son is in the cum.
That thi spyryte so injonyid the helth of thi God so.
Maria: Quia respexit humilitatem ancillae suae,
Ecce enim ex hoc beatam me dicent omnes generationes.
Elisabeth: ffor he beheld the lownes of hese hand maydeye,
So ferforthe ffor that alle generacionys blysse yow in pes.

u. s. w.

In dieser weise citiert Maria in absätzen von je zwei zeilen die ganze stelle der Vulgata (Luk. I, 46—55), während Elisabeth in ihrer erwiderung stets die dazu reimende englische übersetzung gibt. Diese scene entstammt zweifellos noch einer zeit, wo sich im kirchlich-liturgischen drama das bedürfniss geltend machte, den anfänglich ganz lateinischen und deshalb den weitaus meisten laien unverständlichen text durch hinzufügung der übersetzung in die landessprache verständlicher zu machen.

Noch weit bedeutsamer aber sind folgende stellen.

3. Im 21. Ch-spiel (II, 117):
Tunc Jesus ascendit, et in ascendendo cantat, *God almighti above*.
Jesus:
Ascendo ad patrem meum et patrem vestrum,
Deum meum et Deum vestrum, Alleluja!

Primus Angelus cantet:
Quis est iste qui venit de Edom tinctis vestibus de Bosra?
Minor Angelus respondens cantet:
Iste formosus in stola sua, gradiens in multitudine fortitudinis sue?
Jesus cantat solus:
Ego qui loquor justiciam et propugnator sum ad salvandum.
Chorus cantat:
Et vestimenta tua sicut calcantis in torculari.
Jesus cantat solus:
Torcular calcavi solus, et de gentibus non est vir mecum.

Hiernach führt das stück in der ursprünglichen strophe und wider in englischer sprache fort, vermittelt durch die spielanweisung: 'Primus Angellus in lingua materna dicat'.

4. Im 8. Co-spiel (s. 73):

Ministro cat. Adjutorium nostrum in nomine Domini!
Johns.[1] Qui fecit coelum et terram!
Minister. Sit nomen Domini benedictum!
Chorus.   Ex hoc nunc et usque in saeculum!
Episcopus. Benedicat vos divina majestas et una deitas, Pater, et Filius, et Spiritus Sanctus!
Chorus.   Amen.

5. Im 41. Co-spiel (s. 393):

Dominus. Veni tu, electa mea, et ponam in te thronum meum,
          Quia concupivit rex speciem tuam.
Maria.   Paratum cor meum, Deus, paratum cor meum,
          Cantabo, et psalmum dicam Domino.
Apostoli. Haec est quae nescivit thorum in delictis,
          Habebit requiem in respectu animarum sanctarum.
Maria.   Beatam me dicent omnes generationes;
          Quia fecit michi magna qui potens est, et sanctum nomen ejus.
Dominus. Veni de Libano, sponsa mea, veni, coronaberis:
          Ecce, venio, quia in capite libri scriptum est de me.[2]
          Ut facerem voluntatem tuam, Deus meus,
          Quia exultavit spes meus in Deo salutari meo.

6. Im 41. Co-spiel (s. 394):

Chorus Mart. Quae est ista quae assendit de deserto,
             Deliciis affluens injunxa super dilectum suum?
Ordo Angelus. Ista est speciosa inter filias Jherusalem sicut vidistis eam,
              Plenam caritate et dilectione sicque in coelum gaudens
                      (sic) suscipitur,
              Et a dextris filii in trono gloriae collocatur.

---

[1] Es ist mir unklar, wen dieser name an dieser stelle bezeichnen soll (verwechselung mit Joachim?)
[2] Diese letzten drei zeilen sind natürlich von Maria gesprochen oder gesungen worden.

Auf den streng kirchlichen und liturgischen charakter dieser stellen braucht nicht erst hingewiesen zu werden. Bemerkenswert ist auch, dass sich die klerikalen bezeichnungen *Episcopus, Minister, Chorus* noch erhalten haben.

Von derartigen oder auch nur annähernd ähnlichen stellen findet sich weder in Y noch in T irgend eine spur.

Ausserdem enthalten Co und Ch zahlreiche stücke, bezw. abschnitte, bei denen nur auf befriedigung eines kirchlich-religiösen interesses der zuschauer, die in diesen fällen fast nur zuhörer waren, gerechnet ist, indem in ihnen — unter hintenansetzung jeder handlung — nur fromme und erbauliche betrachtungen, biblische prophezeiungen oder dogmatische auseinandersetzungen vorgetragen werden. Derartige scenen sind zwar Y und T auch nicht fremd, doch erscheinen sie unverhältnissmässig seltener und nur in geringerer ausdehnung und intensität. Die auffallendsten beispiele dieser art in Co und Ch — wie sie Y und T nirgend ähnlich besitzt — sind die langatmige aufzählung und auslegung der zehn gebote im 6. Co-spiel (s. 59—64), welche fast den ganzen inhalt dieses spieles bilden, und die im 22. Ch-mister (II, 134—136) den zwölf aposteln in den mund gelegte recitation und erklärung des ganzen apostolischen glaubensbekenntnisses. In beiden fällen werden die gebote und die einzelnen sätze des bekenntnisses[1] erst lateinisch und dann in freierer englischer übersetzung gegeben.

In ungefähr der gleichen, ernst-religiösen richtung macht sich ferner in Co und Ch — durchaus von Y und T abweichend — die tätigkeit einer erklärenden person geltend, die in Ch meist *Expositor* oder auch *Doctor,* in Co dagegen meist *Contemplacio* heisst und mir in beiden sammlungen noch nicht mit dem *Preco,* der immer nur als einfacher '*nuntius*' oder '*messinger*' verwant wird, identisch geworden zu sein scheint. Sicher aber ist die dem *Expositor* zufallende rolle eine andere, als die des letzteren, obwol sich beide aus leicht ersichtlichen gründen mitunter sehr nahe berühren. *Expositor* und *Contemplacio* geben in Ch und Co durchgehends in ernstgelehrter weise aufklärungen über verschiedene spiele, die sie

---

[1] Aehnlich der oben angeführten auf Lukas gegründeten scene des s. Co-spiels (s. oben s. 56).

oft dogmatisch-allegorisch auf Christus oder einzelne lehren des christlichen glaubens deuten. An dieselben knüpfen sie (und zwar besonders häufig in Co, doch öfter auch in Ch) fromme gebete für das heil der anwesenden, die von moralischen ermahnungen zu besserem lebenswandel etc. begleitet sind. Eine person dieses charakters, wie überhaupt gebete und erbauliche ermahnungen, kennen Y und T nicht.[1]

Diese tätigkeit des expositors in Ch und der contemplatio in Co lässt sich noch sehr wol in zusammenhang bringen mit der rolle, die bei den aufführungen der alten kirchlichen misterien wol dem prediger zufiel und wie sie sich noch in einem alten italienischen passionsmisterium in ähnlicher weise erhalten findet.[2]

Daselbst dienen die worte des predigers jedoch nicht nur zur deutung und erklärung der handlung, sondern auch zur verbindung der einzelnen teile derselben, indem sie das dramatisch nicht dargestellte episch ergänzen. Dies zeigt uns also das misterienspiel auf einer stufe, auf der es sich allmählich einerseits aus der gottesdienstlichen handlung, andererseits aus der epischen textvorlesung loslöst. Und — wichtig genug! — auch derartige züge finden sich in der rolle des expositors und der contemplatio von Ch und Co. In beiden sammlungen finden sich noch vereinzelte stellen, wo dieselben durch epische erzählung das wirklich dargestellte einleiten oder beschliessen: in Ch im 5. spiel an zwei stellen (I, s. 78 und 91) und im 6. spiel (s. 113); in Co im 9. spiel (s. 89) und im 13. spiel (s. 129). Ja, an einer dieser stellen unterbricht die epik den gang der handlung auf einige zeit, worauf dieselbe einfach wider einsetzt: Ch im 5. spiel (s. 78 und 79). Beispiele einer solchen, noch vorhandenen verbindung des dramas und epos zeigen Y und T ebenfalls an keiner stelle.

Die naive selbstvorstellung beim auftreten weniger bekannter personen, welche sich in fast allen älteren misterienspielen übereinstimmend findet, fehlt in Y, T und Ch so gut

---

[1] Denn wenn z. b. Johannes der täufer in seiner predigt zur busse und besserung auffordert (Y, s. 172 ff. und T, s. 165 ff.), so ist das durch das misterium selbst geboten und kann mit den stellen, um die es sich hier handelt, nicht in parallele gesetzt werden.

[2] Vgl. die von Ebert im 5. band seines Jahrbuchs s. 57 ff. mitgeteilte analyse desselben.

wie ganz und findet sich nur in ganz seltenen fällen. In Co jedoch ist sie noch durchaus das gebräuchlichste, wie die folgenden beispiele beweisen mögen:

 s. 40: Noe, seres, my name is knowe
 s. 41: My name is Shem
 s. 42: I am Cham
   Japhet, thi III. sone, is my name
 s. 44: Lameth 'the good archere' my name was ovyr alle
 s. 49: Abraham my name is kydde
 s. 58: I am Moyses
 s. 65: I am the prophete callyd Isaye u. s. w.

Was endlich den ganzen ton und charakter der vier sammlungen anbetrifft, so ist derselbe im allgemeinen, wie schon zum teil aus dem gesagten hervorgeht, in Co und Ch weit religiöser, ernster und erbaulicher als in Y und T, in welchen beiden man weit öfter als in jenen auf ein rein weltliches interesse der zuschauer rücksicht nimmt, ihrer schau-, ja zum teil einer gewissen sensationslust rechnung trägt und ihre lachmuskeln erregen will. In Ch und Co dagegen wird in der hauptsache eine fromme, ja bisweilen andächtige stimmung vorausgesetzt, die selbst unendlich langweilige deklamationen ihres religiösen inhalts halber bereitwillig in kauf nimmt.

So finden wir in Co und Ch, obgleich ihre uns erhaltenen fassungen später entstanden sind als die von Y und T, zahlreiche elemente, die auf einen innigeren zusammenhang mit dem kirchlich-liturgischen drama, bezw. auf ein höheres alter der betreffenden spiele oder scenen hinweisen, während Y und besonders T dieselben entweder in weit geringerem maasse oder — und dies betrifft gerade die wichtigsten von ihnen — gar nicht aufzuweisen haben. Dass deshalb jene beiden cyklen als solche eine im grunde frühere entstehung als Y und T gehabt hätten, ist dadurch natürlich nicht bestimmt zu erweisen, obwol alle jene momente zusammengenommen eine solche annahme wol zu rechtfertigen scheinen. Denn diese auffällige anlehnung an die alten kirchlich-religiösen dramen erklärt sich am natürlichsten zu möglichst früher zeit, in der dieselben noch dargestellt wurden oder wenigstens noch bekannt waren. Jedenfalls aber sind diese momente, die auf einen kirchlichen charakter und im zusammenhange damit auf ein höheres alter einzelner teile von Co und Ch hindeuten, deshalb sehr wichtig, da durch sie die betreffs dieser sammlungen bestehenden und früher ausgeführten¹ annahmen auch an innerer wahrscheinlichkeit gewinnen. Denn das eventuell höhere alter von Ch entspricht ebenso der wahrscheinlichkeit einer beeinflussung dieser sammlung durch französische misterien, wie das festhalten an kirchlich-liturgischen elementen von Co dazu passt, dass dieser cyklus von mönchen aufgeführt wurde.

Dass Ch und Co trotzdem auch jüngere elemente aufweisen, die zum teil selbst Y und T abgehen, erklärt sich von selbst, wenn wir bedenken, dass beide in der uns erhaltenen gestalt die jüngsten der vier sammlungen sind, also den längsten prozess allmählicher umgestaltung und modernisierung durchzumachen hatten, der sich — wie oben ausgeführt — bei allen altenglischen kollektivmisterien nachweisen lässt.

Zu diesen jüngeren elementen in Co und Ch gehören sehr wahrscheinlich die zahlreichen spielanweisungen, welche diese beiden sammlungen vor den anderen auszeichnen. Dieselben sind teils in lateinischer, teils in englischer prosa abgefasst und geben zum teil sehr wichtige aufschlüsse über die art der aufführung, kostüme, bühneneinrichtungen, welche eine spezielle untersuchung verdienen würden.² Es finden sich im ganzen in Ch 81 englische und 188 lateinische und in Co 126 englische und 132 lateinische spielanweisungen, während sich im ganzen T nur 59 lateinische und 3 englische und in Y gar nur 24 lateinische und 1 englische herausstellen, welche letztere sich dabei fast ausschliesslich auf notierung der vorkommenden gesänge beziehen. Dass in diesen spielangaben zusätze späterer zeit zu sehen sind, beweist ausser ihrem mangel in anerkannt alten misterien³ auch der umstand, dass von den wenigen, die sich in Y finden, doch noch die meisten nach angabe der herausgeberin von einer späteren hand hinzugefügt sind.

Eine andere, wichtigere neuerung, die auf die innere weiterentwickelung der kollektivmisterien grossen einfluss gehabt hat, ist die neueinführung frei erfundener personen, für welche die betreffenden biblischen oder apokryphen vorlagen keine quelle

---

¹ Vgl. oben s. 10 ff
² Besonders wichtig sind die aussergewöhnlich zahlreichen und ausführlichen bühnenangaben, die sich in Co von stück 25—36 finden und hauptsächlich über die verhältnisse der nebeneinander aufgestellten 'scafaldys' aufschluss geben (vgl. besonders s. 249, 261, 289 und 303).
³ In 'Harrowing of Hell' fehlen sie durchgängig.

gewährten. Dieser zug findet sich in allen vier sammlungen gleichmässig vor, wenn sich auch im charakter der neuen personen bemerkenswerte unterschiede geltend machen. Mit dieser erweiterung des personenverzeichnisses geht hand in hand eine eben solche des inhalts der ursprünglichen stücke durch selbstgestaltete scenen, in denen etwas von der eigenen schaffenskraft dieser frühen dramatiker zum ausdruck gelangt, und worin die einzelnen sammlungen dieselben, gleich näher zu bezeichnenden richtungen verfolgen, wie in der hinzufügung neuer charaktere.

Von den späteren einfügungen solcher scenen, die in den betreffenden misterien zum teil wol noch nicht vorhanden waren, jedoch apokryphen oder legendaren ursprungs sind, soll hier abgesehen werden, da dieselben keine selbständige weiterbildung darstellen. Dieselben finden sich besonders zahlreich in Co und Ch, welche viele apokryphe und legendare züge enthalten, die den entsprechenden misterien der anderen sammlungen fehlen.[1]

Hier sollen vielmehr nur jene neu- und weiterbildungen der altenglischen kollektivmisterien einer kurzen betrachtung unterzogen werden, welche wir als selbständige fortentwickelungen zu betrachten haben, und durch welche diese anfänge englischer dramatischer kunst als die bedeutsamen vorläufer der so rasch emporblühenden erzeugnisse derselben erscheinen. Dieselben bewegen sich in der hauptsache in drei getrennten bahnen und finden sich in den einzelnen sammlungen in verschiedenen richtungen vertreten.

1. Moralitätenelemente. Die religiös-ethischen stoffe der misteriendichtung, die moralische betrachtungen über die zu erstrebenden tugenden eines wahren und die zu bekämpfenden laster eines falschen christen sehr nahe legten, machen es sehr erklärlich, dass sie in einigen partieen einen stark moralisierenden charakter aufweisen, der sich allmählich in die formen der moralität einzukleiden lernte. Ob hierdurch, d. h.

---

[1] So z. b. in beiden sammlungen: das erscheinen der schlange mit dem antlitz eines schönen mädchens (Ch I, 26 und Co 29), die ausführliche scene der hebammen bei der geburt Christi (Ch I, 109 ff. und Co 149 ff.) u. a. m. — In Ch allein: Octavian's bekehrung (I, 116), das umkommen von Herodes' eigenem sohne im bethlehemitischen kindermorde (I, 185) u. a. — In Co allein; das auftreten der heil. Veronika, die Christi mit einem tuche den schweiss vom gesicht wischt (s. 318) u. a.

also durch allmähliche einführung von personifikationen, welche jene laster oder tugenden sichtbar darstellten, die moralitäten überhaupt, wie Collier II, 260 annimmt, entstanden seien, kann hier nicht untersucht werden.[1] Diese richtung einer dramatischen weiterentwickelung findet sich ausschliesslich — aber auch in ziemlichen umfange — in Co vertreten. Auf diesen umstand haben schon verschiedene literarhistoriker hingewiesen, ohne je alle momente zusammenzustellen, welche für Co den entschiedenen zug einer weiterentwickelung zur moralität hin belegen. Dieselben sind folgende:

a) Die schon oben erwähnte bezeichnung der erklärenden person, die Ch meist *Expositor* nennt, als *Contemplacio* gehört sicher mit in diese richtung, indem auch hierbei die (abstrakte) eigenschaft an stelle der dieselbe repräsentierenden (konkreten) person gesetzt ist. Diese bezeichnung findet sich s. 70, 79, 89, 105, 124, 129, 289.

b) Ganz im tone einer moralität ist die aufzählung der *fyftene grees* (stufen) gehalten, die den weg '*from Babylony to hevynly Jherusalem*' bilden und die im 9. spiel (s. 82 ff.) die junge Maria erklimmt, indem sie dieselben dem *Episcopus* erklärt. Dieselben sind nämlich:

  1. holy desyre with God to be
  2. stody with meke inquysissyon veryly,
     how I xal have knowynge of Godys wylle
  3. gladnes in mende
  4. meke obedyence
  5. propyr confession
  6. confidens in Goddys streng
  7. undowteful hope of immortalyte
  8. contempt of veyn glory
  9. a childely for in dede,
     with a longyng love in oure Lorde
10. myghty soferans of carnal temptacion
11. accusatyff confession of iniquité
12. mekenes
13. ffeyth
14. brothyrly concorde
15. gracyous with on acorde.

c) Die fünf jungfrauen, welche in demselben spiele (s. 86) als Maria's bedienung genannt werden, sind: *Meditacion, Contryssyon, Compassyon, Clennes, Fruyssyon*, und die sieben priester, die ebenda als ihre lehrer bezeichnet werden, sind: *Dyscressyon, Devocyon, Dylexcion, Deliberacion, Declaracion, Determynacion, Dyvynacion*. Die genannten treten hier zwar nicht sprechend auf, müssen aber trotzdem auf der bühne zugegen gewesen sein; denn *Episcopus* redet sie folgendermassen an:

---

[1] Eine gegenteilige ansicht stellt Warton auf; vgl. III, 159 in der ausgabe von 1871.

Now go ye maydenys, to your occupacion,
And loke ye tende this childe tendyrly;
And ye, serys, knelyth, and I xal gyve yow Goddys benyson,
In nomine Patris et Filii et Spiritus Sancti!

worauf die spielanweisung folgt: Et recedent cum ministris suis omnes virgines, dicentes 'Amen'.

d) Die ganze eingangsscene des 11. spieles von s. 106—112 ist eine kleine, in sich völlig abgeschlossene moralität folgenden inhalts: Die tugenden im verein mit den engeln und erzengeln bitten Gottvater um erlösung der leidenden menschheit. Darauf erhebt sich ein streit zwischen wahrheit und gerechtigkeit einerseits und erbarmen andererseits. Frieden schlägt vor, Gottsohn entscheiden zu lassen, womit alle drei einverstanden sind. Dieser heisst sie einen schuldlosen suchen, der das erlösungswerk vollbringen könne. Da sie sich aber vergebens nach einem solchen umsehen, hält die dreieinigkeit unter sich rat, wobei Gottsohn das sühnewerk zufällt. Die vier tugenden versöhnen sich unter küssen, und der engel Gabriel wird zu Maria gesant, ihr die bevorstehende empfängniss zu verkünden.

Die auftretenden personen sind: *Pater, ffilius, Spiritus sanctus, Gabriel, Veritas, Justicia, Misericordia, Pax* und der chor der *Virtutes*.[1]

e) In der schlussscene des 19. spieles, die das ende des Herodes darstellt, tritt, während dieser mit seinen rittern zu tische sitzt und prahlerische reden führt, s. 184 *Mors* auf und hält eine lange moralisierende rede, bis er endlich den arglosen Herodes tötet. Nachden diesen *Diabolus* zur hölle geholt hat, hält Mors s. 187 und 188 eine abermalige moralische ermahnungsrede an die zuhörer.

f) Das 40. stück beginnt s. 381 mit folgender, in ihrer verwendung und bedeutung allerdings unklaren, aber sicher unter dem einfluss der moralitätenrichtung stehenden zusammenstellung:

Petrus,	Andreas,	Jocobus major.
Honowre,	wurchipp,	and reverens.
Johannes,	Philippus,	Jacobus minor.
Glorye,	grace,	and goodnes.
Thomas,	Bortholomeus,	Symon.
Dygnité,	vertu,	and excellence.
Matheus,	Judas,	Matheas.
Bewté,	blyssynge,	and brythnes.

g) Im 41. spiel tritt s. 386 Gottsohn unter der bezeichnung *Sapientia* auf.

Die übrigen sammlungen ausser Co enthalten dem gegenüber durchaus nichts, was sich auf eine entwickelung zur moralität, bezw. auf einen einfluss von dieser her deuten liesse.

---

[1] Sehr interessant ist, dass die *virtutes* hier entschieden noch als eine der neun klassen der gregorianischen engelordnung gedacht werden (vgl. auch Ch I, 9), da hierdurch misterium und moralität auch in einem organischen zusammenhange erscheinen. Es heisst s. 106:

Virtutes: Aungelys, archaungelys, we three,
That ben in the fyrst ierarchie, etc.

2. **Lustspielelemente.** Allmählich, je weiter sich die misterienspiele zeitlich von ihrer kirchlichen entstehung entfernten, erlosch auch das rein religiöse interesse der zuschauer, welche bald in den misterienaufführungen eine ergötzlichkeit und belustigung suchten. Diesen geänderten anforderungen des publikums zufolge, denen wol auch die einführung der moralitätenelemente kaum genügt haben würde, griff man zu anderen und sicher erfolgreicheren mitteln, nämlich der verwendung komischer, possenhafter elemente. Sämmtliche vier sammlungen sind von solchen elementen durchsetzt. Dieselben wurden entweder schon vorhandenen charakteren oder scenen hinzugefügt oder solche als träger selbständig erfunden. Obgleich aber alle kollektiven das eindringen derartiger elemente übereinstimmend zeigen, so weichen sie doch sehr von einander in dem umfange ab, den sie denselben einräumen.

In Y finden sich folgende fälle:

a) Im 7. spiel (s. 37, 73—81) das ganz kurze, in einer hand des 16. jahrhunderts hinzugefügte gespräch Kain's mit seinem knecht.

b) Im 9. spiel der streit Noah's mit seiner frau, die sich sträubt, das feste land zu verlassen.

c) Im 31. spiel das vergebliche verhör Jesu, der nicht zum sprechen zu bewegen ist, durch Herodes.

Nicht mehr hat Ch aufzuweisen:

a) Im 3. spiel der streit zwischen Noah und seinem weibe.

b) Die anfangsscene des 7. spiels, welche zwischen den drei hirten und ihrem knecht Trowle spielt und zum schluss in eine regelrechte prügelei ausartet (ähnlich in gewisser hinsicht dem 12. T-mister).

c) Im 18. spiel gegen schluss (II, 18) die klagen der wegen ihrer schenksünden verdammten wirtin.

Zahlreicher schon sind diese elemente in Co:

a) Der anfang des 14. spieles, wo zu dem gericht, welches über Joseph und Maria abgehalten werden soll, eine grosse anzahl von männern und frauen, die sich entweder unter den zuschauern befinden oder wirklich mitspielten, bei namen aufgerufen werden. Diese namen sind nämlich zum weitaus grössten teil spitznamen, deren komische beziehungen alle anwesenden verstanden.

b) Im 14. spiel (s. 132 ff.) das zwiegespräch und die weiteren, auf die schwangerschaft Maria's bezüglichen reden der beiden *detractores*.

c) Im 16. spiel (s. 158) die versuche der hirten, den gesang des engels nachzuahmen.

d) Im 20. spiel (s. 190) die worte, mit denen die schriftgelehrten im tempel den knaben Jesus empfangen.

e) Im 23. spiel die scene, wo die pharisäer in die kammer der ehebrecherin eindringen (s. 217).

f) Teile des langen monologs, den *Demon* zu anfang des 25. spiels hält (s. 239 ff.).

Dies ist alles in Y, Ch und Co. Ausser diesen fällen findet sich in diesen drei sammlungen nirgends (selbst nicht in den allerdings rohen und höhnischen reden der geisler und henker Christi) ein versuch, komisch zu wirken. Eine ganz andere bedeutung aber hat das komische und possenhafte element in T. Nicht nur, dass es in zahlreicheren fällen auftritt, sondern es nimmt auch an den einzelnen stellen eine weit grössere und selbständigere ausdehnung an.[1] Es finden sich folgende fälle:

a) Fast das ganze zweite spiel, sowol in der scene Kain's mit seinem bruder, als in denen mit seinem knechte *Pike-harnes*.

b) Im 3. spiel die sehr breit ausgesponnenen zank- und prügelscenen zwischen Noah und seinem weibe.

c) Die eingangsscene des 12. spiels zwischen den drei hirten und ihrem knecht.

d) Ebenda weiterhin die gesangsversuche der hirten.

e) Die zu einer vollständigen kleinen posse herausgearbeitete eingangsscene des 13. spiels zwischen den hirten und dem schafdieb *Mak*.

f) Ebenda späterhin die singversuche der hirten.

g) Im 16. spiel zum teil die scene des kindermords, so besonders der streit zwischen *Primus Miles* und *Prima Mulier*.

h) Im 21. spiel die nicht zu stillende, in wirklich komischen ausdrücken immer widerkehrende sucht Caiphas', Christo wenigstens einen schlag zu versetzen.

i) Ebenda die geiselung durch die zwei *Tortores* und ihren gehilfen *Froward*.

k) Viele einzelne züge im 24. spiel bei der würfelung um Christi kleidungsstücke.

l) Die meisten reden der *demones* und besonders des *Tutivillus* im 30. spiel.

In Y, Ch und auch Co finden sich demnach komische elemente nur in selteneren fällen und besonders in geringerer ausdehnung und intensität verwendet. Wirkliche anfänge einer wenn auch noch so geringen posse zeigt dagegen nur T, wo sich in einzelnen fällen bereits roh-komische lustspielscenen entwickelt haben, die von dem ursprünglichen misterium so gut wie ganz unabhängig sind. Dabei lässt sich bereits ein charakteristikum verfolgen, welches auch dem englischen lustspiel des 16. jahrhunderts eigen ist und sich auch in späterer, ja zum

---

[1] Genauere angaben über diese ausführung in den einzelnen fällen, die hier nur kurz aufgezählt werden können, stehen bei Ebert, der die spiele von T analysiert und dabei gerade die hier in betracht kommenden stücke besonders berücksichtigt.

teil noch in der neuesten zeit angewendet findet: schon im namen der komischen personen ihren hauptsächlichsten charakterzug zu bezeichnen. Hierher gehören namen wie *Bukbytere*, *Reysesclaundyr*, *Brewbarret*, *Pike-harnes* u. a.. die sich bereits in den kollektivmisterien vorfinden.

3. Trauerspielelemente.[1] Neben den eben erwähnten bestrebungen, durch einführung possenhafter reden und scenen die schaulust des publikums zu befriedigen, geht noch ein anderer zug durch alle altenglischen kollektivmisterien, der dasselbe ziel auf ganz abweichender weise erreichen will. Während man es dort auf lachen und spass absah, suchte man auch andererseits staunen und furcht zu erregen. Aus diesem streben heraus entwickeln sich particen in unseren misteriencyklen, welche einen offenbaren zusammenhang mit dem tone der bombastisch-schauerlichen staatsaktionen aus dem anfange des 16. jahrhunderts aufweisen, die man wol schon mit dem ehrennamen von trauerspielen belegt. Ganz wie diese durchgehends könige und fürsten zu haupthelden haben, die meist grausame und prahlerische wüteriche sind, so knüpft auch die ähnliche entwickelung unserer sammlungen an die figuren des Pharao, Herodes, Pilatus und Caiphas an. In den die betreffenden stücke meist eröffnenden reden dieser personen herrscht schon — wenn vielleicht auch noch bombastisch-plumper — derselbe ton, wie in ähnlichen reden der frühesten trauerspiele. Dieselben rühmen ihre unendliche macht, drohen mit martervollen grausamkeiten und preisen ihre unbeschreiblich herrliche schönheit. Solche elemente finden sich in allen vier sammlungen vertreten: in Co und Ch am wenigsten, in T — was wildheit und schwulst der reden anbelangt — am ausgeprägtesten.[2] Doch beschränken sich dieselben in diesen drei sammlungen auch vollständig auf die erwähnten machtreden. Viel weiter jedoch geht in dieser hinsicht — von T, Ch und Co ganz abweichend — Y. In dem teile, der die passion Christi behandelt, sind einzelne spiele in ton und auf-

---

[1] Falls dieser name für das hier gemeinte zulässig ist.
[2] In T ist auch Pilatus zu einem Christum hassenden wüterich geworden, während er in Co und Ch gemäss der bibel schwach aber freundlich erscheint und Christo bis zu ende immer noch wol will. In Y hat er im anfang denselben charakter wie in Co und Ch, während er in den späteren spielen, durch die hohenpriester beeinflusst, einen ton anschlägt, der dem in T nahe kommt.

bau bereits zu einer art kleiner staatsaktionen umgeschaffen. Es betrifft dies hauptsächlich die spiele 29, 30, 31, 32 und 33 [1], von denen ganz besonders wider die ersten drei nach einem einheitlichen plane gebaut sind.

Sie werden mit einer der üblichen schreckens- und ruhmreden des betreffenden helden eröffnet. Nachdem derselbe ausgetobt hat, wird es nacht und der wüterich müde; er lässt sich wein zum schlaftrunk reichen und dann sich zu bette bringen und möglichst sanft und sorgsam zudecken. Einen augenblick ist alles still. Da klopft es an das tor, und die ankömmlinge — meist Christus von *milites* geführt — haben eine längere unterhandlung mit dem türhüter, *Bedellus*, der in diesen stücken überhaupt eine grosse rolle spielt. Dieser geht endlich, jene anzumelden, worauf der wüterich, im schlafe gestört, zu toben beginnt. Allmählich beruhigt er sich, steht auf, empfängt die ankömmlinge — und nun erst beginnt das eigentliche misterium.

Noch weiter ausgeschmückt ist der plan dieser scene im 30. spiel:

Es wird eingeleitet durch eine schwülstige liebesscene zwischen Pilatus und seiner frau. Dieselbe wird durch den bedellus, der hier eine art hofceremonienmeister ist, unterbrochen, indem derselbe darauf aufmerksam macht, dass es bei der hereinsinkenden nacht für seine herrin sich schicke, ihren gemahl zu verlassen. Diese ergibt sich hierin erst nach längerem sträuben und nachdem sie vorher gemeinsam mit ihrem gatten den schlaftrunk eingenommen hat. Zuerst wird nun Pilatus vom bedellus und dann seine gemahlin von ihrer ancilla zu bett gebracht, worauf sich der gang des stückes wider dem früheren plan anschliesst.

So unendlich roh auch diese scenen gebaut und ausgeführt sind, so ist doch ihre beziehung zu dem späteren drama unverkennbar. In keiner der übrigen drei sammlungen findet sich irgend etwas diesen spielen in Y ähnliches. Allein zu dieser sammlung erscheint also die entwickelung des trauerspiels in enger und interessanter beziehung.

Fassen wir das resultat dieses teiles unserer untersuchung kurz zusammen, so lautet es: Ch und Co, obwol in den uns erhaltenen fassungen jünger als Y und T, haben dennoch zahlreiche elemente aufzuweisen, welche einen engeren zusammenhang mit dem kirchlich-liturgischen drama und somit ein höheres alter beträchtlicher teile dieser sammlungen beweisen und die Y sowol wie T fast gänzlich fehlen. Hierdurch wird es sehr wahrscheinlich gemacht, dass Co und Ch — wenn

---

[1] Es sind das in der hauptsache diejenigen spiele, welche auch ihre sonstigen verhältnisse als jüngere überarbeitungen verrieten (vergleiche oben s. 32).

auch in einer von ihrer uns erhaltenen fassung abweichenden gestalt — noch vor mitte des 14. jahrhunderts (entstehungszeit von Y) entstanden sind, für welchen früheren ursprung in bezug auf Ch auch die in dieser sammlung unleugbar vorhandenen auffälligen beziehungen zu französischen misterien sprechen.

Elemente einer dramatischen weiterentwickelung der kollektivmisterien, infolge deren sie sich mit dem drama des 16. jahrhunderts in offenbarem zusammenhange zeigen, lassen sich in allen drei, von diesem vertretenen richtungen nachweisen: nach der moralität, dem lustspiel und dem trauerspiel hin. In der ersten dieser richtungen entwickelte sich Co, in der zweiten T, in der dritten Y. Nur in Ch lassen sich bedeutendere momente einer spontanen dramatischen weiterentwickelung nicht nachweisen.[1]

So zeigen denn die altenglischen kollektivmisterien ebenso einerseits noch sichtbare beziehungen zu der ersten stufe dramatischer entwickelung, dem kirchlich-liturgischen drama, wie sie andererseits die deutlichen keime des sich nach ihnen entwickelnden dramas enthalten.

---

[1] Wie Ch demnach offenbare spuren unselbständiger entstehung an sich trägt, so zeigt es sich auch in der weiterentwickelung unselbständig und unfruchtbar.

Lebenslauf.

Ich, Benno Rudolf Alexander Hohlfeld, bin geboren am 29. dezember 1865 in Dresden, wo mein vater, Karl Hohlfeld, beamter an der kgl. sächs. staatsbahn ist. In einer bezirksschule vorgebildet, trat ich ostern 1876 in das Annen-realgymnasium zu Dresden ein und bezog, nachdem ich hierselbst das reifezeugnis erhalten hatte, ostern 1884 die universität Leipzig, um mich hauptsächlich dem studium der neueren sprachen und paedagogik zu widmen. Ich besuchte die vorlesungen der herren professoren Arndt, von Bahder, Ebert, Heinze, Hildebrand, Masius, Wülker, Wundt, Zarncke und des herrn privatdocenten Dr. Körting. Von ostern 1886 bis michaelis 1887 war ich ordentliches mitglied des von herrn prof. Dr. Masius geleiteten kgl. paedagogischen seminars. Ebenso betheiligte ich mich mehrere semester hindurch an den teils von herrn prof. Dr. Zarncke, teils von herrn prof. Dr. von Bahder geleiteten übungen des kgl. deutschen seminars (althochdeutsche und mittelhochdeutsche abteilung), an den von herrn prof. Dr. Wülker veranstalteten alt- und neuenglischen übungen und an dessen „Englischer gesellschaft", sowie endlich unter herrn prof. Dr. Eberts leitung an der erklärung altfranzösischer und altprovençalischer texte und den von herrn privatdocenten Dr. Koerting geleiteten neufranzösischen übungen.

Allen den genannten herren, insbesondere aber den verehrten herren professoren Masius, Wülker und Zarncke sage ich hiermit für die mir freundlichst zu teil gewordene anregung und unterstützung bei meinen studien meinen aufrichtigsten dank.